Derrière la magie

De Josiane de Saint Paul

Estime de soi, confiance en soi - Les fondements de notre équilibre personnel et social

Choisir sa vie – Découvrir et réaliser ses valeurs et ses buts dans la vie avec la PNL

L'Esprit de la magie - La Programmation Neuro-Linguistique - Relation à soi, relation à l'autre, relation au monde, avec Sylvie Tenenbaum

Autres titres de la même collection

François Besançon
Communiquer avec une victime de l'alcool

Nelly Bidot, Bernard Morat
D'un monde à un autre, Exercices de programmation Neuro-linguistique à pratiquer au quotidien

Agir ou subir – Des clés pour vivre le changement imposé

Gérard Collignon
Comment leur dire... La Process Communication

Hélène de Falco, Catherine Perrot-Gallien
Savoir se préparer à un examen

Bruce Fisher
Après la rupture - Reconstruire sa vie après un divorce ou une séparation

Suzanne Forward (avec Donna Frazier)
Le Chantage affectif - Quand ceux que nous aimons nous manipulent

Quand le prince n'est plus charmant... – Comment sortir de l'enfer à deux

Quand votre conjoint vous ment – Le couple et les blessures du mensonge

Erica Guilane-Nachez
Bien se connaître pour bien piloter sa vie – Savoir ce que l'on veut et concrétiser ses ambitions

Muriel James, Dorothy Jongward
Naître gagnant – L'Analyse Transactionnelle dans la vie quotidienne

Guy Missoum
Réussir sa vie aujourd'hui – Dynamique, outils et stratégies

Claude Steiner (avec Paul Perry)
L'ABC des émotions - Développer son intelligence émotionnelle

Sylvie Tenenbaum, Dominique Laugero, Dominique Cavé
L'Ennéagramme – Connaissance de soi et développement personnel

Alain Cayrol • Josiane de Saint Paul

Derrière la magie

La Programmation Neuro-Linguistique

Préface de John Grinder

InterEditions

Nouvelle présentation, 2000

ISBN 2 10 005139 3

A John Grinder
et Richard Bandler

Sommaire

CONCEPTS ET OUTILS DE BASE

ANATOMIE DU CHANGEMENT

Préface

La programmation neuro-linguistique (PNL) a pour objet le modelage de l'excellence humaine. Par là, je veux dire l'identification et le codage des structures comportementales caractéristiques de personnes connues pour exceller dans un domaine particulier.

Le but est de permettre à ceux que cela intéresse d'acquérir ces savoir-faire et de les intégrer dans leur répertoire personnel et professionnel, ceci de façon simple et efficace. Dans le domaine choisi, la personne peut alors agir systématiquement en étant capable de réaliser les mêmes performances que l'expert talentueux que nous avons modelé.

En tant que co-fondateur de la programmation neuro-linguistique, c'est un plaisir pour moi de présenter au lecteur français cet ouvrage dont j'accueille la publication avec le plus vif intérêt. En effet, s'il existe des livres en français traitant du sujet, ce sont des traductions de l'anglais. Celui-ci en revanche, est le premier écrit en français par des auteurs français sur la technologie du comportement que mes associés et moi-même avons créée.

Éternel étudiant des langues, des cultures et de leurs richesses, j'ai suffisamment de recul par rapport à mon travail pour savoir qu'il se fonde sur un certain nombre de présupposés liés, bien sûr à mes propres influences et à celles de la culture nord-américaine du xxe *siècle. Cependant, les premiers rapports en provenance d'autres pays, en ce qui concerne la pertinence de la PNL par delà sa langue et son foyer d'origine sont très favorables et m'encouragent à postuler une certaine universalité pour les modèles qui vous sont présentés dans ce livre.*

Les affirmations qui vous sont faites dans cet ouvrage sont provocantes, et les résultats exceptionnels, tout au moins en Amérique du Nord. Pour cette raison, lorsque vous l'aborderez, je souhaite que vous le fassiez avec un scepticisme constructif : je vous invite à expérimenter par vous-même ces techniques et à décider de celles qui vous paraissent le plus utile dans votre contexte de vie.

C'est bien entendu à dessein que j'utilise l'expression « scepticisme constructif ». Il existe une grande différence entre le scepticisme qui inhibe la faculté de tester une idée ou une technique et celui qui pousse une personne à agir avec décision et puissance pour tester cette idée ou cette technique.

Il ne serait ni sage ni responsable de ma part de prétendre porter un jugement sur cette version française élaborée par Alain Cayrol et Josiane de Saint-Paul. Ce que je sais, c'est que je les considère personnellement comme deux excellents représentants de cette approche.

En matière de performances humaines de haute qualité, il n'y a pas de pénurie et je me sens tout particulièrement stimulé à l'idée de Françaises et de Français acquérant la maîtrise des outils de la PNL et l'utilisant à leur propre façon dans leur contexte culturel.

JOHN GRINDER
Co-fondateur de la PNL
Bonny Doon, Californie
Mars 1984

Avant-propos

La programmation neuro-linguistique (PNL) est une nouvelle approche de la communication et du changement qui part de l'analyse d'autres pratiques antérieures.

Elle s'adresse aux professionnels de la communication — psychothérapeutes, conseils, pédagogues, cadres ou formateurs, pour ne citer que ceux-là —, ainsi qu'à tous ceux qui s'intéressent à leur propre cheminement.

L'approche est précise. Elle propose des concepts et des outils pratiques accompagnés de leur mode d'emploi : que faire et comment pour communiquer plus efficacement avec un individu ou un groupe ? comment favoriser son évolution personnelle, ou celle de ses clients si l'on en fait profession ? Puissante aussi, car un nombre réduit d'éléments de base suffisent pour qu'elle soit applicable à de multiples situations. Elégante enfin, car elle enseigne l'art de la simplicité efficace.

Depuis 1980, nous avons séjourné régulièrement auprès des fondateurs de la PNL, les Américains John Grinder et Richard Bandler, pour nous former à leur approche, avec eux et leurs associés. Aujourd'hui, nous l'enseignons à notre tour.

Tous les deux psychologues, notre vie professionnelle est constituée de consultations en psychothérapie individuelle et de groupe, d'interventions en organisation, et de formation. En thérapie, nous utilisons notre intégration de l'analyse transactionnelle — que nous pratiquons et enseignons également au sein de l'équipe pédagogique de l'Institut Français d'Analyse Transactionnelle —, du travail de Milton Erickson et de la PNL. L'apport de cette dernière nous a permis de réduire la durée des thérapies que nous proposons et d'en rendre le processus plus agréable pour nos clients et nous-mêmes. De façon générale, avec la PNL, nous avons gagné en impact dans nos divers domaines d'intervention.

Dans cet ouvrage, nous exposons et décrivons pas à pas ses concepts et techniques, en nous appuyant sur des exemples tirés de notre pratique, ainsi que sur des dessins et des schémas.

Il est divisé en trois parties.

La première, «Le cadre de la PNL», est consacrée à Grinder et Bandler et à leur cadre de pensée, ainsi qu'aux implications qui découlent de leurs choix.

La deuxième partie, «Concepts et outils de base», traite de l'ensemble des notions spécifiques à cette approche. Nous y décrivons notamment ce que nous considérons comme les briques de base de la communication ainsi que les règles qui permettent de les assembler. A partir de cette connaissance, chacun de nous peut créer le contact avec ses interlocuteurs et obtenir d'eux les informations dont il a besoin. Le matériel réuni ici est donc exploitable par toute personne intéressée par l'acquisition d'outils de communication applicables à la vie quotidienne, personnelle et professionnelle.

La troisième partie, «Anatomie du changement», concerne les techniques de changement. Le lecteur y trouvera un modèle général d'intervention et la description de techniques de thérapie et d'évolution personnelle. Les exemples que nous donnons proviennent de notre pratique thérapeutique ; certaines de ces techniques sont toutefois transposables à d'autres domaines d'intervention.

Nous sommes tous des communicateurs, que nous en fassions profession ou non. Plus ou moins vite, plus ou moins facilement, nous changeons tous aussi au cours de notre existence. Ce livre est destiné à ceux qui désirent acquérir une plus grande maîtrise de ces deux registres, et qui selon la formule d'Epictète, sont prêts à devenir « les mêmes, mais différents ».

LE CADRE DE LA PNL

1
L'approche et ses auteurs

Précision, économie de moyens et quasi-absence d'efforts : la maîtrise est sœur de l'élégance.
JEAN-LOUIS SERVAN-SCHREIBER

Jean-Paul a trente-huit ans. Célibataire, il dirige une importante entreprise. Il nous décrit sa vie privée comme un échec et nous parle de son sentiment d'infériorité et de son embarras à l'égard des femmes ainsi que du malaise qui accompagne ces sentiments. Il se présente comme souvent déprimé et anxieux. Parfois cette anxiété se transforme en crise d'angoisse.

Dès le début de notre premier entretien, Jean-Paul retrouve le souvenir d'une expérience traumatique d'enfance qu'il avait oubliée. Comme cette information ne nous est pas indispensable pour notre intervention, nous choisissons de la laisser de côté pour nous intéresser à la séquence des processus de pensée qu'il parcourt inconsciemment lorsqu'il connaît cet état pénible, et nous nous employons à réorganiser de façon systématique ces processus cognitifs de façon à ce que Jean-Paul modifie l'expérience qu'il a de lui-même. Il en éprouve un soulagement immédiat dès la fin de notre travail et nous dit qu'il a l'impression de voir les choses différemment.

La séance suivante nous l'aidons à étendre les ressources personnelles qu'il utilise déjà dans son métier, telles que le sentiment de compétence et la capacité de décision à des domaines concernant sa vie privée et sa relation à l'autre sexe. Nous vérifions la valeur de notre travail en lui demandant de s'imaginer dans le futur en compagnie d'une femme et nous observons ses réactions non verbales qui nous semblent positivement concluantes.

Nous ne reverrons pas Jean-Paul qu'une affectation professionnelle dans le Sud de la France conduit à déménager. Il nous téléphone trois mois après pour nous parler de son installation dans cette nouvelle région et des changements positifs qu'il a effectués dans sa vie.

L'été suivant, nous recevons un faire-part de mariage avec écrit simplement au dos : « Merci ».

Marianne a vingt-cinq ans. C'est une jeune femme sportive mais, à l'approche des vacances d'été, elle nous dit combien elle regrette de se priver du plaisir de la natation et du bateau. Elle a peur de l'eau et, bien qu'elle sache nager, elle évite de se baigner et ne s'aventure jamais là où elle n'a pas pied. Elle veut changer cela pour profiter pleinement de ses vacances et faire du bateau avec son compagnon qui est passionné de voile.

Au cours de la première séance, nous mettons à jour une scène d'enfance où Marianne a vu ramener un noyé sur la plage où elle passait ses vacances.

Nous l'aidons d'abord à entrer en contact avec un sentiment de sécurité et de confort intérieur, puis nous créons un état de dissociation qui lui permet de ne pas éprouver les sentiments pénibles liés à cet événement. Tout en restant dans cet état confortable, elle revoit alors à distance, comme sur un écran de télévision, se dérouler cette scène ancienne. Nous lui demandons ensuite d'imaginer qu'elle réconforte la petite Marianne de neuf ans qui a assisté à ce drame et de lui assurer qu'elle n'aura plus jamais à le revivre.

Après un moment d'échanges, nous évaluons notre travail en lui demandant de se voir en train de nager dans le grand bain d'une piscine. Elle en éprouve un certain malaise. Nous vérifions les ressources dont elle a besoin et nous découvrons que pour sa sécurité, elle désire que quelqu'un soit sur le bord du bassin, ce qui nous semble une mesure adéquate pour une personne qui n'a pas nagé depuis longtemps.

Le test suivant est convaincant. Dans la semaine elle va à la piscine avec une amie et nage confortablement dans le grand bain.

A la séance qui suit, nous généralisons cet acquis et elle s'imagine en train de nager en mer avec son compagnon et faisant du bateau.

Quand nous la retrouvons en septembre, elle nous apprend qu'elle a passé d'excellentes vacances à faire de la voile et à se baigner chaque jour.

Michel est artiste peintre et commence à se faire un nom dans le domaine de l'art. Il nous explique que sa difficulté actuelle est de négocier avec les agents qui distribuent ses tableaux et avec les organisateurs d'expositions.

Nous lui demandons de nous parler de ses moments d'inspiration lorsqu'il peint, de ceux qu'il considère comme ses moments d'excellence. Nous identifions les structures de la stratégie interne qu'il utilise dans ces cas-là et installons chez lui une stratégie aux structures semblables, applicable au domaine de la négociation en affaires.

Dans les trois mois qui suivent, Michel nous rapporte qu'il défend ses intérêts avec plus d'assurance et que sa cote comme peintre a augmenté de manière significative.

Les exemples qui précèdent illustrent quelques-uns des résultats que nous obtenons dans notre pratique de psychothérapeutes à partir des procédures de travail de la programmation neuro-linguistique.

Pour ses créateurs, les Américains John Grinder et Richard Bandler, le changement personnel peut être réalisé rapidement, sans souffrance, et de façon systématique. C'est l'un des buts de cette approche.

Elle repose sur l'idée que, tout comme la carte n'est pas le territoire, notre représentation du monde n'est pas le monde. Pour nous êtres humains, la réalité, c'est avant tout l'expérience subjective que nous en avons. C'est elle qui dicte nos succès, mais fixe aussi nos limites, et parfois douloureusement, comme c'est le cas lorsque nous tournons en rond dans des problèmes que nous sommes incapables de résoudre. Changer suppose donc généralement élargir notre vision du monde afin de pouvoir disposer d'une plus grande liberté de manœuvre dans notre vie.

Ce que nous avons fait principalement dans les exemples précédents ? Aider chacune des personnes impliquées à modifier l'idée qu'elle avait d'elle-même et de ses possibilités. Lorsqu'un être humain voit les choses différemment, il se comporte différemment aussi.

Un modèle, pas une théorie

Grinder est linguiste, Bandler est mathématicien. Tous deux sont également docteurs en psychologie. Lorsqu'ils se rencontrent dans le milieu des années soixante-dix, les deux hommes décident de mettre leurs connaissances en commun pour s'atteler à un défi ambitieux — créer pour la psychothérapie et le développement personnel ce que les linguistes ont réalisé pour le langage, et d'autres scientifiques pour leurs domaines d'étude respectifs : un modèle précis et opérationnel. Leur objectif n'est pas tant l'élaboration d'une théorie de plus que la construction d'un modèle efficace.

La distinction entre modèle et théorie est importante ; le rôle d'un *modèle* est de décrire le fonctionnement d'un système, humain ou non humain, celui d'une *théorie* consiste à fournir une tentative d'explication ou d'interprétation à la question : pourquoi est-ce que ce système marche ainsi ? Elaborer un modèle revient à créer une réplique, une copie de phénomènes observés afin de pouvoir les reproduire à volonté. L'ensemble des spéculations intellectuelles propres à une théorie n'apporte souvent que peu d'aide dans ce domaine.

Une approche pragmatique

L'une des originalités de la démarche de Grinder et Bandler est qu'ils ont opté pour une position délibérément pragmatique.

Ils ont choisi d'observer de nombreux thérapeutes et professionnels de la communication réputés pour exceller dans leur travail, en prenant en compte non pas les théories dont ils se réclament ou les explications psychologiques qu'ils pouvaient donner, mais leur pratique véritable.

« Nous nous considérons comme des créateurs de modèles. Ce que nous faisons principalement, c'est d'accorder très peu d'attention à ce que les gens disent faire et beaucoup d'attention à ce qu'ils font vraiment. Puis nous construisons un modèle à partir de leur comportement. Nous ne sommes pas des psychologues, nous ne sommes pas non plus des théologiens ou des théoriciens. Nous n'avons pas d'idée à propos de la nature "réelle" des choses, et cela ne nous intéresse pas particulièrement. La fonction d'un modèle est d'arriver à une description qui soit utile. Nous n'avons rien de vrai à vous offrir, seulement des outils pratiques[1]. »

C'est ainsi qu'ils ont filmé les interventions de Virginia Satir (thérapie familiale), Fritz Perls (fondateur de la Gestalt-thérapie) ou encore Milton Erickson (ce dernier, mort en 1980, est généralement considéré comme l'autorité mondiale la plus représentative en matière d'utilisation clinique de l'hypnose ainsi que comme le père des thérapies brèves. C'est à lui que Grinder et Bandler emprunteront le plus.)

De l'analyse de ces diverses interventions, Grinder et Bandler ont conclu que ces maîtres du changement avaient en commun certains modèles d'interaction qu'ils appliquaient la plupart du temps inconsciemment, tout comme nous employons des structures linguistiques complexes quand nous parlons, sans pour autant nous en rendre compte.

Selon eux, le talent de ces spécialistes n'aurait pas grand chose à voir avec les orientations théoriques dont chacun se réclame, ce qui explique que des thérapeutes appartenant à des écoles différentes et parfois opposées arrivent à peu près aux mêmes résultats, ou à la même absence de résultats[2].

Grinder et Bandler partent du principe que les structures qui sous-tendent le travail des thérapeutes efficaces sont décelables, et qu'une fois comprises, elles peuvent être reproduites à volonté et enseignées. C'est l'une des ambitions de la PNL que d'expliciter ces schémas clés d'intervention dont l'accès était auparavant laissé au hasard ou à l'intuition.

Après avoir observé des psychothérapeutes, ils ont poursuivi leurs recherches avec des professionnels de la communication venant d'autres horizons, principalement le management et la pédagogie.

Observer d'abord, mettre à l'épreuve ensuite, puis seulement après construire un modèle qui synthétise leurs observations, telle fut leur démarche, qui donna naissance à un ensemble de techniques et de procédures de travail immédiatement utilisables.

Une approche, aussi pragmatique soit-elle, ne naît pas pour autant de rien. La toile de fond de la PNL est constituée des influences intellectuelles et des connaissances propres à ses créateurs, à savoir la linguistique, la psychologie cognitive, la neurologie, la cybernétique et le fonctionnement des ordinateurs. C'est à toutes ces disciplines qu'ils ont emprunté lorsqu'il s'est agi de mettre en forme leurs nombreuses observations.

En prenant le risque de sortir des sentiers battus par les théories explicatives du comportement humain pour privilégier des grilles d'analyse plus scientifiques, la PNL apporte un ton nouveau et permet de poser un regard différent sur la communication humaine et le changement. A cet égard, elle s'inscrit bien dans la mouvance des approches qui occupent la scène des années quatre-vingt, telles que la pragmatique de la communication (école de Palo Alto, dont Paul Watzlawick est l'un des représentants les plus connus en France) ou encore des diverses écoles de thérapie brève et de thérapie familiale qui sont venues renouveler les pratiques populaires au cours des décades précédentes. Toutes ont en commun le même souci de rapidité et d'efficacité. Par ailleurs, elles ont modifié les données du jeu thérapeutique en sortant d'un cadre épistémologique vieux de plus d'un demi-siècle sur lequel la plupart des approches que nous connaissons capitalisaient encore. Elles sont allées chercher ailleurs, dans la conception du monde propre à d'autres disciplines, un langage et des concepts différents qui, maintenant qu'ils sont appliqués au domaine de l'évolution des êtres humains, permettent d'ouvrir de nouvelles portes.

PROGRAMMATION NEURO-LINGUISTIQUE, POURQUOI ?

Programmation, parce que, tout au long de notre existence, nous nous programmons en mettant en place des façons de penser, de ressentir et de nous comporter que nous employons dans les multiples situations de notre vie. Si nous établissons l'analogie avec l'informatique, le matériel (hardware) est le même : nous avons tous un cerveau et un système nerveux. Ce qui change, ce sont les programmes (software) dont nous disposons pour nous servir de ce matériel.

La constatation intéressante ici est que, puis que le matériel — cerveau et système nerveux — est le même pour tous, ce que peut accomplir une personne, une autre peut potentiellement l'accomplir aussi.

Neuro, parce que cette capacité de nous programmer repose sur notre activité neurologique. C'est parce que nous possédons un cerveau et un système nerveux que nous sommes capables de percevoir notre environnement, de penser et de ressentir, de sélectionner des comportements, etc. Les procédures de travail de la PNL agissent directement sur cette organisation neurologique.

Dans notre pratique, nous nous demandons comment nos clients perçoivent leur environnement, quelles sont les parties de cet environnement qu'ils retiennent et celles qu'ils laissent de côté, quelles sont les représentations qu'ils ont d'eux-mêmes et de ce qui les entoure, ou encore comment est-ce qu'ils stockent les informations dans leur mémoire et comment ils accèdent à ces informations quand ils en ont besoin. Le cas échéant, nous les aidons à réorganiser ces processus afin qu'ils puissent mieux les mettre à profit.

Linguistique, parce que le langage structure et reflète la façon dont nous pensons. Le discours d'une personne est riche en informations sur la manière dont celle-ci construit son expérience du monde. En empruntant à la linguistique, Grinder et Bandler ont étudié les relations entre langage et pensée et ont transposé ces connaissances dans le domaine pratique de la communication. Ils ont également étendu ces notions à l'étude du langage non verbal.

Les applications

Communication efficace

La PNL propose une véritable grammaire de la communication verbale et non verbale, dont l'utilisation vaut pour les multiples contextes de la communication humaine, donc toutes les situations où la dimension relationnelle est importante. Les séminaires de formation conduits par les enseignants de PNL s'adressent aux cadres, négociateurs, pédagogues ou thérapeutes, ainsi qu'à ceux qui désirent acquérir des techniques de communication efficace applicables dans leur vie quotidienne.

Psychothérapie

C'est le premier domaine d'application de la PNL, avec lequel Grinder et Bandler ont acquis leur notoriété.

A partir de 1976, ils ont commencé à faire la démonstration publique du succès de leurs modèles en traitant des phobies en dix minutes, ou des dépressions en quelques séances, devant des parterres de professionnels curieux et sceptiques, en travaillant souvent avec des clients amenés par ces derniers.

Leurs premières techniques résultaient de l'observation du travail des autres. Dans un second temps, avec leurs collaborateurs, ils ont créé leurs propres concepts et procédures d'intervention, jusqu'à faire de la PNL ce qu'elle est aujourd'hui : une approche thérapeutique complète qui débouche sur de nombreuses applications, non seulement soigner rapidement des phobies ou des dépressions, mais plus largement, aider les intéressés à s'affranchir des influences du passé qui entraînent un mal-être dans leur vie présente, ce qui est généralement le but des approches psychothérapeutiques qui proposent un travail de fond.

Changement génératif

Lorsqu'une personne cherche à se dégager des limites qui entravent sa vie, la plupart des techniques que nous connaissons agissent au niveau du changement « remède ». Le travail à ce niveau consiste à centrer l'intervention sur le problème que la personne souhaite résoudre. Certains praticiens considèrent directement le problème présenté. D'autres le prennent comme un symptôme et le laissent de côté pour rechercher une éventuelle pathologie sous-jacente. Quel que soit le choix, les uns et les autres se focalisent surtout sur ce qui ne va pas.

En contraste avec cette méthode, la pratique du changement « génératif » consiste à aider un individu à installer en lui les ressources dont il aurait besoin pour s'orienter avec succès dans le monde. C'est à ce niveau que nous choisissons d'intervenir chaque fois que c'est possible. Dans ce cadre, la question n'est plus : « Quel est votre problème ? », mais : « De quelles ressources avez-vous besoin pour devenir celui ou celle que vous désirez être ? »

Cette distinction entre changement remède et changement génératif n'est pas affaire de jeu de mots, mais implique toute une méthodologie de travail différente.

L'un des effets notables de la seconde démarche est que, lorsqu'un individu dispose de stratégies personnelles efficaces dans quelques domaines clés comme par exemple l'affirmation de soi, la prise de décision ou la créativité, les problèmes qu'il avait auparavant et qui auraient pu faire l'objet d'un travail au niveau du changement remède disparaissent d'eux-mêmes. Le changement génératif peut prendre place dans le cadre d'une psychothérapie, mais aussi en dehors pour répondre à une demande d'évolution personnelle[3].

Recherche de l'excellence

Il vous est sans doute déjà arrivé de constater, lors d'une intervention professionnelle ou d'une situation de votre vie personnelle, que vous étiez au meilleur de vos capacités, sans pour autant savoir après coup ce qui en était caractéristique.

Dans le même ordre d'idée, vous avez peut-être déjà eu l'occasion d'apprécier le savoir-faire de l'un de vos confrères, tout en vous questionnant sur la manière d'acquérir son talent.

Pour notre part, nous avons souvent observé, lors de nos participations à des groupes de formation pour thérapeutes, que les participants apprenaient en calquant intuitivement leur comportement sur celui de l'animateur. Ce modelage intuitif est une acquisition qui s'estompe malheureusement la plupart du temps dans les jours ou les semaines qui suivent. Ce qui manque alors, c'est une syntaxe de la communication verbale et non verbale qui permette de déterminer quoi observer et comment, ainsi qu'une méthodologie qui facilite l'intégration de ces comportements dans son propre répertoire. La PNL apporte des éléments pratiques dans ce domaine.

En dehors de l'étude qu'ils ont faite du travail de professionnels de la communication, Grinder et Bandler ont également observé des personnalités aussi diverses que des créateurs de jeux vidéo, un chef d'orchestre ou encore Timothy Leary, ancien chantre de l'expérience psychédélique. Ils se sont centrés sur les processus internes propres à ces personnes ainsi qu'à leurs comportements externes et ont travaillé à modeler leur spécificité.

La PNL possède aujourd'hui une véritable banque de données ainsi qu'une méthode qui permet de clôner certains comportements humains.

2
Les fondements de la PNL

Les hommes jugent les choses suivant la disposition de leur cerveau.
BARUCH SPINOZA

La carte et le territoire

Nous ne sommes pas en contact direct avec le monde. Cette constatation, faite à maintes reprises au cours de l'histoire de l'humanité, est presque devenue un lieu commun. *Bien que le monde soit réel, nous n'opérons pas directement sur cette réalité. De celle-ci, chacun a son idée propre, et comme l'enseigne le dicton, « chacun voit midi à sa porte ».*

Cette construction du réel met en jeu des processus biologiques et neurologiques complexes aussi bien que des facteurs environnementaux, culturels et familiaux. Elle nous fournit une représentation, un modèle du monde qui va constituer le centre de notre univers vécu et nous permettre de nous orienter dans la vie. C'est ce modèle qui favorisera notre accomplissement et dictera nos limites. Tout comme la carte n'est pas le territoire, l'idée que nous nous faisons du monde n'est pas le monde. Elle en diffère pour au moins trois séries de raisons : nos limitations neurologiques, socio-génétiques et personnelles[4].

Les limitations neurologiques

L'univers physique tel qu'il nous apparaît par l'intermédiaire de nos sens, la vue, l'ouïe, le toucher, le goût et l'odorat, résulte des structures propres à notre cerveau et à notre système nerveux. Cette organisation est déterminée génétiquement, et particulière à chaque espèce.

Par exemple, notre capacité auditive ne s'exerce qu'à l'intérieur d'une certaine bande sonore (comprise entre 20 et 20 000 cycles/seconde). Nous n'entendons pas les sons situés hors de cette bande (infra et ultrasons). A titre de comparaison, la capacité auditive du chien est environ quatre fois supérieure à la nôtre.

Il en va de même pour notre vision (sensible uniquement aux longueurs d'ondes situées entre 380 et 680 millimicrons) ainsi que pour nos autres sens qui connaissent, eux aussi, des limites semblables.

S'il ne capte qu'une partie de la réalité physique, notre système nerveux a également la propriété d'organiser de façon particulière ce qu'il sélectionne, en nous donnant par exemple l'impression que les rails de chemin de fer se rejoignent à l'horizon, bien que nous sachions qu'il n'en est rien.

La réalité du monde telle que nous la percevons est déjà une création humaine : notre monde n'est pas celui de la mouche, du poisson ou du chien. Cette première série de limitations, les limitations neurologiques, est commune à tous les membres de notre espèce.

Les limitations socio-génétiques

Sous ce terme, nous regroupons toutes les catégories de pensée et de perception « a priori » auxquelles nous sommes soumis en tant que membres d'une communauté culturelle donnée. Le vaste groupe auquel nous appartenons exerce sur nous des influences modelantes évidentes sur nos attitudes, nos conceptions de la vie et du monde et, de manière générale, sur nos certitudes existentielles les plus profondes.

Le langage et les mythes définissent un certain type de réalité partagée par le groupe et assurent la cohésion de celui-ci. Les présupposés sur lesquels repose cette vision du monde sont la plupart du temps hors de notre conscience, et la réalité telle qu'elle nous apparaît, en tout cas le plus souvent, semble simplement aller de soi.

Les comparaisons interculturelles sont riches d'enseignement à cet égard. Les personnes qui ont l'occasion de séjourner dans des pays à la culture et aux coutumes différentes du leur ont l'expérience de cette période de flottement et parfois de malaise qui précède leur adaptation aux mœurs locales. Cet ajustement s'avère souvent difficile ou même impossible pour certaines d'entre elles lorsque ce nouveau milieu diffère par trop de leur milieu d'origine. Les ethnologues connaissent bien cette difficulté de passage d'un cadre de référence culturel à un autre, ainsi que l'ébranlement — ou dissonance cognitive — qui en résulte.

Le langage se situe au premier rang de ces influences structurantes. « Chaque structure linguistique, de par la nature même du langage, ordonne d'une certaine manière notre perception du monde. Autrement dit, nous ne lisons le monde qu'au moyen de la structure linguistique qui est la nôtre[5]. »

Le langage agit en effet sur la manière dont nous pensons. Par exemple, le français est une langue qui utilise beaucoup les substantifs. Pour la personne dont c'est la langue natale, le monde apparaît plus comme un ensemble de choses que de processus et d'interrelations.

En outre, il détermine ce que nous pouvons penser ou percevoir. Ainsi, les Amérindiens de Californie du Nord parlant le Maidu n'ont que trois mots pour décrire le spectre des couleurs : *lack* (rouge), *tit* (vert-bleu) et *tulak* (jaune-orange-marron). La personne dont la langue est le Maidu distingue consciemment trois catégories différentes de couleurs, là où celle parlant le français dispose de plus de choix et par conséquent d'une perception plus riche. A l'inverse, les Esquimaux du Groenland possèdent une trentaine de termes pour nommer les variétés de neige, là où nous n'en avons que très peu, et ils sont capables de percevoir ces trente qualités, pas nous.

Cette seconde catégorie de limitations, d'ordre sociogénétique, est propre à tous les membres d'un groupe culturel donné. Notre monde n'est pas celui des Amérindiens, des Esquimaux du Groenland ni des Papous de Nouvelle-Guinée.

Les limitations personnelles

La troisième série de limitations en fonction desquelles notre expérience du monde diffère du monde lui-même est d'ordre personnel.

L'histoire de la vie d'un individu est unique. Le milieu dans lequel il a vécu, l'influence qu'ont exercée sur lui ses parents et les figures d'autorité qui étaient — ou sont encore — importantes à ses yeux, l'ambiance familiale et l'éducation reçue, les traumatismes aussi bien que les routines quotidiennes, puis plus tard les mille et une péripéties de la vie ont façonné sa vision de la réalité de façon caractéristique.

La plupart des expériences accumulées depuis notre naissance sont stockées dans notre cerveau et nos tissus nerveux. Parmi celles-ci, les premiers événements vécus par l'enfant ainsi que ses réactions par rapport à ceux-ci ont un impact puissant. A moins d'un changement imprévu, ils constitueront son point de référence pour le futur. Dès l'âge de cinq ans, un enfant a déjà enregistré des milliers d'informations et connu suffisamment d'expériences importantes pour se faire une idée de ce qu'est la vie en général et de ce que sera la sienne en particulier. Il a déjà une idée de sa valeur, de ce qu'il peut attendre des autres et de ce qui lui sera accessible plus tard.

Bien que l'on retrouve, d'un individu à l'autre, de nombreux points communs, il n'y a pas deux vies qui soient exactement identiques et, comme chacun de nous construit sa représentation du monde principalement à partir de sa propre expérience, il n'existe pas non plus deux modèles qui soient tout à fait semblables : le modèle du monde d'une personne est aussi unique que le sont ses empreintes digitales.

Cette troisième série de limitations, les limitations personnelles, est caractéristique de chaque individu. C'est d'elles que proviennent les différences les plus notables entre les êtres humains.

Une distinction fondamentale — dictée par nos limitations neurologiques, socio-génétiques et personnelles — s'établit donc entre le monde et l'expérience que nous en avons. De notre naissance à notre mort, en passant par les stades successifs de notre évolution, chacun de nous construit et organise sa vision de la réalité. Ce modèle propre à une personne constitue le centre de son univers vécu et lui fournit une représentation de son milieu interne (ce qui se passe en elle) et externe (son environnement)[6]. Il se compose des perceptions présentes ainsi que de l'ensemble des divers processus de pensée, systèmes de croyances, décisions de vie et sentiments spécifiques à cette personne.

Nous pouvons résumer ce qui précède par deux postulats :

1. Postulat de construction : nous construisons des répliques internes/des cartes/des représentations des événements que nous vivons.
2. Postulat de variance : la construction de ces cartes varie d'un individu à l'autre.

Nous sommes les architectes de notre réalité, et c'est dans une large mesure l'idée que nous nous faisons du monde qui détermine notre perception et notre expérience de celui-ci, ainsi que les choix qui seront à notre portée au cours de notre vie.

La plupart de nos comportements, sinon tous, en dépendent, qu'il s'agisse d'ouvrir une porte, de tomber amoureux, d'apprendre à se décider — ou plus largement de réussir notre vie ou de la gâcher.

L'impression et l'utilisation des cartes

Pour imprimer les cartes à partir desquelles nous nous orientons dans le monde, nous disposons de trois facultés humaines de modélisation (fabrication de modèles) : la généralisation, la sélection et la distorsion. Celles-ci nous servent de guides dans la vie lorsque nous les utilisons pour fabriquer des cartes exactes. « Bien que la carte ne soit pas le territoire qu'elle représente, si celle-ci est correcte, elle possède une structure similaire à celle du territoire, ce qui la rend bien utile[7]. » Mais elles peuvent aussi agir comme autant de limites dès lors que nous les employons pour appauvrir notre expérience du monde.

La généralisation

« La généralisation est le processus par lequel des éléments ou des parties du modèle du monde d'une personne sont détachés de l'expérience d'origine et en viennent à représenter la catégorie entière dont l'expérience en question n'était qu'un exemple[8]. »

C'est cette capacité qui rend possibles nos expériences d'apprentissage. L'enfant qui réussit à ouvrir une fois une porte en tournant la poignée pourra appliquer cette découverte aux autres portes qu'il rencontrera plus tard. Sans cette faculté, nous serions obligés de réapprendre comment ouvrir une porte ou conduire une voiture chaque fois que nous sommes en présence d'une nouvelle porte ou d'une nouvelle voiture. Généraliser nous permet d'utiliser notre expérience passée pour faire face aux situations présentes similaires. Si enfant nous avons remarqué que le risque d'être mordu par un chien qui grogne était élevé, alors qu'il était faible quand le chien remuait la queue, et que nous avons généralisé cette observation, nous pouvons prévoir aujourd'hui ce que risque d'être le comportement d'un chien inconnu qui vient vers nous. Cette aptitude peut être vitale; à la suite d'une seule expérience, Alain a décidé à l'âge de trois ans qu'il ne remettrait plus jamais les doigts dans une prise de courant.

Toutefois, c'est une faculté à double tranchant. Tout comme un comportement utile peut être généralisé à de nouvelles situations, des comportements ou des sentiments pénibles et inappropriés mis en place dans notre passé peuvent persister dans notre vie actuelle.

> A partir de relations difficiles avec sa mère, Christian a décidé au cours de son enfance qu'exprimer à une femme ce qu'il ressentait était dangereux, et qu'il valait mieux se méfier d'elle. Il fonctionne encore aujourd'hui sur la base de cette règle personnelle qui régit ses relations avec les femmes. Lorsqu'il vient nous voir, il nous explique qu'à quarante-deux ans, il s'est marié et a divorcé deux fois. Il vit seul aujourd'hui. « Les différentes liaisons que j'ai eues ont été décevantes; quand je suis émotionnellement proche d'une femme, je reste sur la défensive... et ça finit de toute façon par se terminer mal. »

Les généralisations peuvent être faites à tout âge de la vie, et le point important est que la même généralisation peut être profitable ou non, en fonction du contexte. Une grande partie de la psychopathologie et des préjugés reposent sur ce mécanisme.

La sélection

« C'est le processus par lequel nous ne prêtons attention qu'à certains aspects de notre expérience et en excluons d'autres[9]. »

Cette capacité nous permet de nous concentrer sur un aspect de notre expérience plutôt que sur un autre. C'est le cas de la mère qui perçoit sélectivement la voix de son bébé dans une pièce bruyante à l'exclusion de tout autre son, ou encore celui de la personne qui, s'étant focalisée sur les musiciens, est incapable de dire à la sortie du concert de quelle couleur étaient les murs ou les fauteuils de la salle.

Grâce à cette faculté, nous pouvons nous orienter dans le monde et résoudre des problèmes en sélectionnant les informations qui nous sont utiles; nous évitons ainsi d'être submergés par la masse des stimulus externes non pertinents qui sont captés en permanence par nos sens.

Cependant, le même processus peut représenter lui aussi une limite si nous laissons de côté des aspects de notre expérience dont la prise en compte serait nécessaire.

> Pierre se définit comme malchanceux. Il estime qu'il est né sous une mauvaise étoile. En garant sa voiture devant chez lui, il repense avec tristesse à la journée difficile qu'il a eue, mais « oublie » le contrôle de vitesse dans lequel est tombé l'automobiliste qui le précédait et la chance qu'il a eue d'y échapper alors que lui aussi roulait trop vite. En se remémorant sa journée, Pierre retient ce qui le confirme dans sa vision des choses et gomme ce qui va à l'encontre.

C'est aussi ce que fait la personne qui se plaint de vivre des relations humaines décevantes et qui, en même temps, ne veut pas reconnaître sa participation dans la création de telles situations. Elle ne dispose pas en fait d'une représentation aidante dans ce domaine et, en mettant en œuvre ce mécanisme de sélection à ses dépens, elle s'empêche d'accéder à une position de résolution de problème.

La distorsion

« C'est le processus qui nous permet d'introduire des changements dans notre expérience sensorielle[10]. »

En imagination, nous pouvons par exemple nous évader du lieu où nous sommes pour repenser à ce que nous avons fait hier ou pour envisager notre intervention professionnelle de la semaine prochaine.

Cette faculté de distorsion de la réalité présente est manifeste dans tout acte créatif. C'est elle qui permettait à Gauguin de peindre des chevaux violets et à n'importe qui aménageant sa salle de séjour de la voir déjà décorée et meublée, alors qu'elle est encore vide. Les grandes inventions et découvertes scientifiques sont elles aussi le fruit d'une distorsion et d'une extrapolation de notre perception.

Toutefois, là encore, en utilisant ce mécanisme, nous pouvons construire une expérience négative qui n'existe pas dans la réalité.

> Claire est secrétaire. Lorsque son employeur lui reproche d'arriver en retard, elle en déduit qu'il ne l'aime pas.

Il s'agit ici d'une distorsion assez courante; un grand nombre de personnes ont tendance à prendre une critique de leur comportement pour un rejet de leur personnalité. On peut également illustrer la distorsion par la réaction heureusement plus rare du paranoïaque qui, en entendant à la radio le dernier tube de l'été, reconnaît dans les paroles sa propre histoire et court se barricader chez lui persuadé qu'« ils » savent tout de lui et veulent contrôler son cerveau à distance.

Pour Grinder et Bandler, l'un des paradoxes de la condition humaine est que les capacités qui nous permettent de survivre, d'évoluer et de mener une vie heureuse — à savoir notre aptitude à créer des modèles/des représentations — sont aussi celles que nous pouvons employer à notre détriment pour nous maintenir dans une vision appauvrie du monde.

Si nous construisons notre modèle expérientiel de la réalité à partir de ces trois facultés — la généralisation, la sélection et la distorsion — celles-ci nous servent également à le perpétuer et à en maintenir la stabilité.

De même que des mécanismes homéostatiques complexes assurent le fonctionnement de nos processus organiques, elles agissent en tant que mécanismes psychohoméostatiques par rapport à notre environnement psychique interne en lui conférant sa cohérence et en rendant le monde prévisible.

Tel l'étranger qui se sent mal à l'aise en territoire inconnu, il nous arrive d'être désorientés face à des situations qui ne cadrent pas avec notre image de la réalité. En utilisant la généralisation, la sélection ou la distorsion, nous pouvons redéfinir le contexte en l'alignant sur notre modèle interne et ainsi éviter ou supprimer le malaise. La situation inquiétante est alors écartée, et nous sommes à nouveau en terrain connu. Comme l'indiquent de nombreuses expérimentations réalisées en psychologie sociale, le recours à ces mécanismes a pour conséquence que la plupart des gens connaissent peu d'expériences nouvelles. Si, comme Christian dans l'un de nos précédents exemples, un individu a conclu à la suite d'expériences malheureuses qu'il n'était ni important ni digne d'être aimé (généralisation), il risque fort de ne pas remarquer aujourd'hui les marques d'attention positives qu'on lui adresse (sélection) ou bien va les interpréter comme n'étant pas sincères (distorsion). En bloquant ou en déformant les informations qui contrediraient ses croyances, il s'enferme alors dans un système plus ou moins clos. Puisqu'il ne vit plus d'expériences allant à l'encontre de ses généralisations, il perpétue les comportements négatifs associés à celles-ci et s'attire les mêmes réactions de la part de son environnement, ce qui, en retour, prouve et justifie ses généralisations : « Décidément, je savais bien que... »

Dès lors, la boucle est bouclée, et le cycle se répète selon le mécanisme décrit diversement sous les noms de « boucle de rétroaction positive »[11], « scénario de vie »[12], ou encore « prophétie qui s'auto-accomplit »[13]. C'est ainsi que tout être humain peut se maintenir dans une vision appauvrie du monde.

Implications pour le changement

Les gens viennent en thérapie parce qu'ils rencontrent des difficultés dans leur vie et qu'ils en souffrent. La liste en est longue : elle va de la solitude ou du manque de confiance en soi aux problèmes de couples ou aux dysfonctionnements sexuels, en passant par la gamme des sentiments pénibles chroniques — tristesse, colère, ennui, anxiété, dépression — ou des psychosomatisations en tout genre, pour ne citer que quelques exemples.

Quel que soit le cas, la personne tourne en rond dans une difficulté qu'elle ne sait pas comment résoudre.

Généralement, les limites contre lesquelles elle bute ne sont pas situées dans le monde — en effet, d'autres n'ont pas le même problème ou y ont trouvé une solution — mais dans son modèle du monde qui, dans le domaine en question, est trop limité, quelles qu'en soient les raisons.

Nous pensons que les personnes qui répondent créativement aux défis et aux stress de la vie sont celles qui ont une représentation/une carte de leur situation assez riche pour accéder à des options satisfaisantes, ce qu'une vision rétrécie de la réalité ne permet pas toujours.

Changer le modèle du monde

La carte n'est pas le territoire. Bien que cette idée ne date pas d'aujourd'hui, nous ne commençons qu'à peine à en tirer les conséquences pratiques. De par ses interventions, *le thérapeute ne change pas le monde, mais l'expérience qu'en a son client.*

Qu'il s'agisse du psychanalyste utilisant la technique de l'association libre, de l'analyste transactionnel qui fait du travail de redécision ou de reparentage, du bio-énergéticien qui demande à son client de se livrer à certains mouvements corporels ou bien encore du gestaltiste qui insiste sur l'expérience de l'ici et maintenant, tous ne réussissent dans leur entreprise que dans la mesure où ils parviennent à introduire un changement dans la vision du monde de leur client. Dès lors que la personne modifie favorablement sa perception d'elle-même et de son environnement, ce qu'elle croyait hors de sa portée peut lui devenir accessible.

Tout travail psychothérapeutique est un travail de réorganisation du modèle du monde, c'est-à-dire un travail sur des systèmes de représentations, qu'ils soient linguistiques ou sensoriels.

La compréhension de la distinction entre changer le monde et changer l'idée que nous nous en faisons est fondamentale pour le professionnel de la communication et le psychothérapeute à qui elle ouvre un champ d'interventions quasi illimité, à condition qu'ils disposent de la technologie appropriée. Dans ce livre, nous présentons des procédures de travail et des techniques grâce auxquelles ils peuvent atteindre de façon plus systématique et prévisible les résultats qu'ils visent dans leurs domaines respectifs d'intervention.

Chacun de nous fait le meilleur choix possible

Comportement et modèle du monde sont liés. *Aussi bizarre ou problématique qu'il soit, le comportement humain prend un sens dès lors qu'il est placé dans le contexte du modèle qui le génère. De plus, étant donné l'ensemble des généralisations à partir desquelles une personne opère, elle fait, selon nous, le meilleur choix parmi ceux qui lui paraissent possibles.* « Pour réussir à comprendre pourquoi certains individus continuent à souffrir ou à être angoissés, il est important que nous réalisions qu'ils ne sont ni mauvais, ni fous ni malades. Ils font le meilleur choix parmi ceux dont ils sont conscients, c'est-à-dire les meilleurs choix disponibles dans leur modèle du monde... La difficulté n'est pas qu'ils font le mauvais choix, mais qu'ils n'ont pas suffisamment de choix[14]. »

A l'encontre de ce qu'énoncent certaines théories psychologiques — que nous considérons comme des psychothéologies — nous ne pensons pas que les difficultés qu'une personne peut rencontrer dans sa vie soient le reflet d'un investissement dans des comportements d'échec ou d'une quelconque volonté inconsciente et morbide de gâcher sa vie, mais simplement la conséquence la plus logique de l'utilisation de cartes mentales appauvries. Qu'on lui en propose d'autres plus satisfaisantes, et elle les acceptera, à la condition clé que l'on sache comment les lui présenter de manière convaincante et respectueuse de son équilibre global.

Une telle conception ne repose pas sur une philosophie de l'irresponsabilité; en effet, comprendre que les actes d'une personne sont cohérents avec sa vision du monde n'implique pas pour autant que tout comportement soit moralement acceptable.

Plus on a de choix, mieux ça vaut

L'idée de choix est une des notions essentielles de la PNL. Alors que les sciences humaines font un large usage des classifications dans leur approche du comportement humain, à la question « Quel est votre modèle de la personnalité ? », Bandler répond tout simplement : « Le modèle du choix ». *Avoir le choix, c'est disposer de plusieurs réponses possibles dans une situation donnée.* Dans cette optique, une alternative à l'étiquetage des comportements consiste à se demander combien d'options sont à la portée de la personne. Qu'elle en soit consciente ou non, les choix auxquels elle accède orientent sa vie dans une direction particulière. Nous aimons y penser en termes de flexibilité/manque de flexibilité, entendant par flexibilité la capacité qu'a une personne d'envisager une situation à partir de points de vue différents et d'avoir une fourchette de possibilités face à un même stimulus.

Les difficultés que rencontre un individu dans sa vie présentent la plupart du temps un aspect rigide du type « ne pas pouvoir faire autrement que... (rester en retrait, se mettre en colère, être angoissé ou indécis, avoir une éjaculation prématurée, etc.) » :

> *« Chaque fois que, dans une soirée, je veux parler à une femme, je me sens si nerveux que je ne sais pas quoi dire. »*
>
> *« Mon mari est très coléreux; chaque fois qu'il crie, c'est la même chose : j'ai tellement peur que je fonds en larmes et ça l'agace encore plus. »*

Dans ces deux exemples, les personnes expérimentent une limitation lorsqu'elles sont confrontées aux situations suivantes :

- Parler à une femme dans une soirée;
- Réagir à la colère de son conjoint autrement que par des pleurs.

La tâche du thérapeute est alors de leur permettre d'élargir leur répertoire de comportements pour leur offrir plusieurs options face aux stimulus décrits, et non plus une seule réponse automatique — mutisme ou larmes. Ce travail revient donc à ajouter des comportements et non à en retrancher, pour que les personnes concernées puissent être spontanées, bavardes, calmes ou en colère, ainsi que — le cas échéant — silencieuses ou tristes. Mutisme et tristesse peuvent être des réponses appropriées dans certains contextes.

Enoncé différemment, nous retrouvons là un des principes logiques de la cybernétique (loi de la variété requise[15]) selon lequel, *dans tout système quel qu'il soit, c'est l'élément le plus souple qui prend le contrôle.* C'est vrai de la ville qui, en possédant le plus de voies d'accès et de médias de communications, devient la capitale de sa région. C'est vrai aussi de la famille où le membre qui possède le répertoire comportemental le plus large devient l'élément contrôlant, y compris lorsque cette souplesse consiste à attirer sur lui l'attention du reste de la famille en s'évanouissant au milieu du supermarché ou en vivant brusquement un épisode psychotique.

Ce principe vaut également pour l'intervenant qui, dans le domaine du problème qu'on lui soumet, a besoin d'être lui-même dans une zone de plus grande flexibilité que son client, s'il veut pouvoir l'aider. Il s'agit en fait d'avoir plus de cordes à son arc.

Pour résumer, notre modèle du monde n'est pas le monde. Trois séries de filtres — neurologiques, sociogénétiques, personnels — font que pour nous, êtres humains, la réalité, c'est avant tout l'expérience que nous en avons. Celle-ci varie d'un individu à l'autre. Pour construire notre univers personnel et en maintenir la stabilité, nous utilisons trois facultés humaines de modélisation qui sont la généralisation, la sélection et la distorsion.

Lorsqu'il intervient, le thérapeute ne change pas le monde, mais il cherche à enrichir l'expérience qu'en a son client pour le faire accéder au plus de choix possibles dans sa vie. En s'engageant dans cette démarche, il est important que le thérapeute, ou de façon plus générale le professionnel de la communication, comprenne que les comportements qu'il observe sont cohérents dès lors qu'ils sont replacés dans le contexte du modèle qui les génère et que dans chaque situation, un être humain fait le meilleur choix parmi ceux dont il est conscient.

Avec ces idées générales en tête, passons maintenant à la présentation des concepts et procédures de travail utilisés en programmation neuro-linguistique.

CONCEPTS ET OUTILS DE BASE

3
L'expérience sensorielle

Tout ce qui est moi m'appartient : mon corps, mon esprit, y compris toutes ses pensées et ses idées, mes yeux et toutes les images qu'ils perçoivent, mes sentiments, quels qu'ils soient... ma bouche et tous les mots qui en sortent... et tous mes actes, qu'ils concernent les autres ou moi-même.

VIRGINIA SATIR

Systèmes de perception

Pour entrer en contact avec la réalité extérieure, nous disposons de cinq sens. Nous voyons, nous entendons et nous ressentons — c'est-à-dire que nous éprouvons des sensations corporelles (ou kinesthésiques); nous nous servons aussi de notre odorat et de notre goût. Par ces cinq sens, nous recevons les informations provenant de notre environnement.

Les trois premiers sont les plus utilisés : nous voyons, entendons et ressentons en permanence, même si nous ne sommes pas toujours conscients des diverses stimulations qui nous parviennent en même temps par ces canaux. Notre sens olfactif, le plus archaïque, est moins employé par l'adulte, sauf dans des cas précis : une odeur de brûlé, par exemple, est une perception qui repousse les autres au second plan. De même, le sens du goût ne donne à la grande personne qu'un nombre de renseignements restreint, limité à un champ précis.

Pour percevoir, nous sommes pourvus de récepteurs spécialisés. L'œil possède des récepteurs chromatiques et non chromatiques, certaines terminaisons nerveuses sont des récepteurs spécialisés dans la détection de la chaleur, de la douleur, etc. Nous identifions donc la réalité grâce à une combinaison d'informations variées appréhendées par des canaux différents. La soie peut être reconnue par sa texture (toucher), son aspect (vue) et aussi par le crissement caractéristique qu'elle produit lorsqu'on la froisse (ouïe). En ce moment-même, vous voyez les mots imprimés sur ce livre,... la couleur de l'encre,... les objets qui vous entourent. Vous entendez le bruit du papier quand vous tournez la page et les autres sons qui arrivent à vos oreilles. Vous pouvez sentir le poids de votre corps sur votre siège et prendre conscience de la température de la pièce,... vous pouvez également respirer son odeur.

Percevoir est un processus actif. Nous n'absorbons pas telle quelle, en vrac, la multitude d'informations qui nous parviennent, mais nous sélectionnons ce que nous percevons de notre environnement (vous n'étiez peut-être pas conscient de tous les éléments sensoriels nommés ci-dessus avant d'en lire la description).

Systèmes de représentation

De même que nous entrons en contact avec le monde au moyen de nos cinq sens, nous nous représentons celui-ci à partir d'eux. Vous pouvez par exemple former une image d'une plage où vous avez passé des vacances d'été, entendre le bruit des vagues et vous rappeler la chaleur du soleil sur votre peau. Vous pouvez encore, les yeux ouverts ou fermés, imaginer un cochon rose à pois verts ou un carré rouge se détachant sur un fond blanc.

L'information perçue par un canal donné peut être enregistrée dans la mémoire dans le même système, comme dans le cas où vous reconstituez l'image d'un lieu que vous avez aimé contempler (la plage dans notre exemple). Mais vous pouvez aussi utiliser un système de représentation différent du canal de perception, par exemple lorsque, écoutant la voix d'un ami qui vous raconte ses vacances de neige, vous vous construisez une image des montagnes et des vallées qu'il décrit. Tous les

SYSTEMES DE PERCEPTION ET DE REPRESENTATION

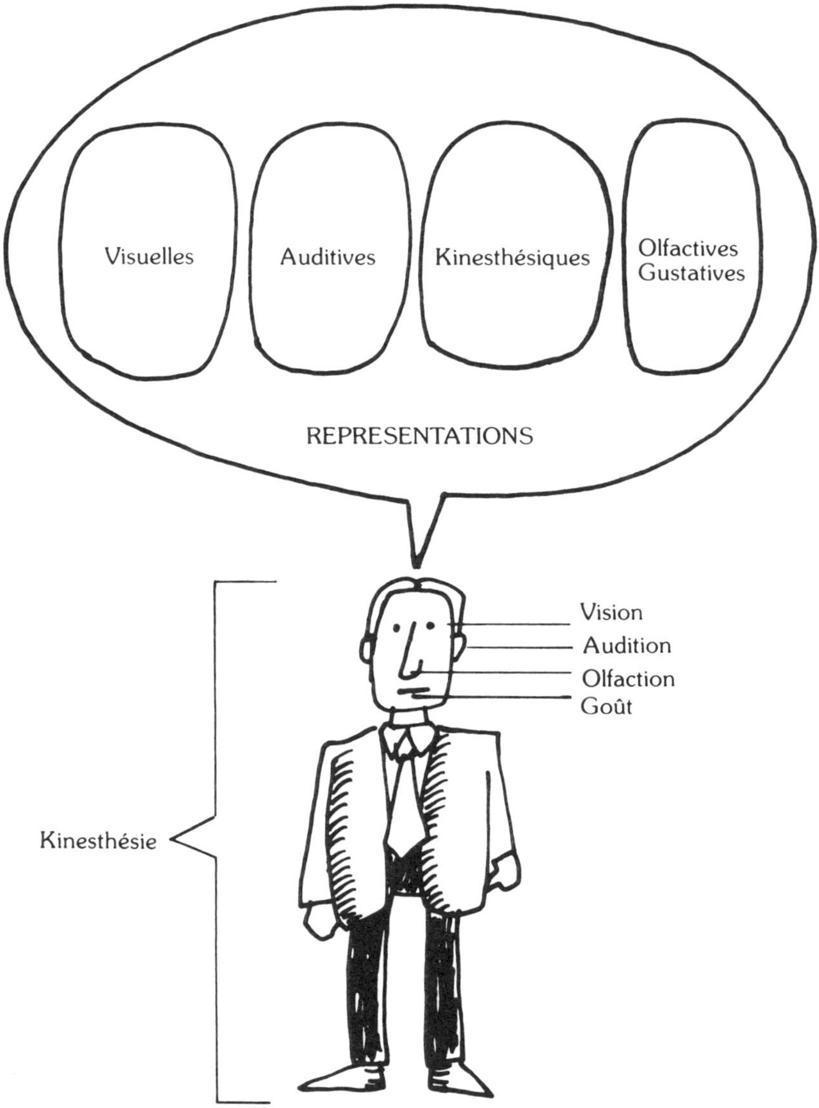

Nous utilisons nos cinq sens pour entrer en contact avec le monde ainsi que pour nous le représenter.

processus mentaux, ce que nous appelons penser, mémoriser, imaginer, apprendre, sont autant d'aspects divers de cette activité interne.

Les quadruplés

Pour représenter l'expérience d'une personne à un moment donné, nous utilisons les quatre symboles suivants : V pour visuel, A pour auditif, K pour kinesthésique, O pour olfactif ou gustatif. Le terme « kinesthésique » désigne ce que nous ressentons : d'une part notre expérience tactile ou somato-sensorielle comme la douleur, la sensation de pression ou la température, d'autre part notre expérience viscérale, émotionnelle et proprioceptive, c'est-à-dire l'ensemble de nos sensations internes, émotions et sentiments, comme la sensation d'étouffement ou le sentiment de peur, de tristesse, ou de joie.

A l'aide de ce quadruplé — < VAKO > — nous pouvons noter simplement l'expérience vécue par une personne à un instant précis. Votre expérience présente pourrait figurer ainsi :

V	A	K	O
Les mots imprimés sur le livre	Le bruit des pages tournées	La sensation de votre corps sur le siège	Les odeurs de la pièce
La couleur de l'encre et du papier	Les sons qui vous parviennent de l'extérieur	La température	
Les objets			

Lorsque nous ne captons rien dans l'un de ces systèmes, nous le notons : Ø. Si le lieu dans lequel vous vous trouvez est silencieux, nous obtiendrons : < VØK0 > ou s'il n'y a pas d'odeurs : < VAKØ >.

Pour être plus exacts, nous distinguons aussi entre la perception externe comme contempler la mer (visuel externe noté V^e) et une expérience interne telle que le souvenir visuel de la même situation (visuel interne noté V^i). L'expérience d'une personne entièrement tournée vers l'extérieur sera donc à un moment donné $< V^eA^eK^eO^e >$: voit la mer, entend le bruit des vagues, sent la chaleur du soleil sur sa peau et respire l'odeur du varech. Inversement, on notera : $< V^iA^iK^iO^i >$ si la personne est absorbée par son expérience interne (la même scène imaginée ou remémorée).

La plupart du temps, nous vivons dans un état de conscience mixte dans lequel certains de nos sens sont attentifs aux stimulations extérieures alors que l'autre partie de notre expérience se compose de représentations internes (souvenirs ou imagination).

EXPÉRIENCE D'ÉTAT DE CONSCIENCE MIXTE

L'exercice suivant, dérivé de la Gestalt-thérapie, permet d'expérimenter consciemment cet état mixte. Il s'agit de porter son attention sur le flot incessant des stimulus à la fois internes et externes dont nous pouvons prendre conscience : « En ce moment, je suis conscient que mon dos est raide, mes mains sont chaudes et touchent le bois de la chaise (K^e); je vois le mur blanc (V^e), j'entends un bruit de moteurs dans la rue (A^e) et j'imagine une file de voitures (V^i), etc... »

Avant d'aller plus loin, vous pouvez vous livrer à cette expérience si vous en avez envie.

Avec un peu d'habitude, nous pouvons entrer en contact avec une multitude de stimulus variés dans chacun des différents systèmes. En fait, dans le quotidien, nous ne prenons pas toutes ces informations en compte, et d'ailleurs nous n'en avons pas besoin.

Pour résumer, le schéma ci-dessous illustre la relation entre perception, représentation et le comportement qui en résulte.

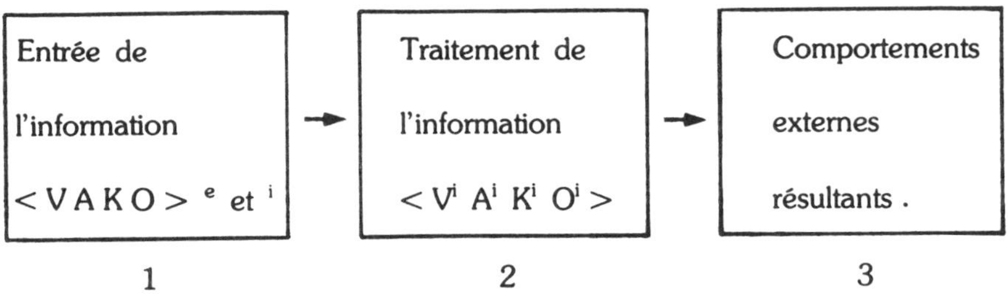

Modèle du monde : contenu et structure

Le modèle du monde d'une personne se compose de ses perceptions présentes ainsi que de la totalité de ses représentations analogiques et digitales concernant le passé, le présent et le futur : sentiments, pensées, décisions de vie, convictions diverses, souvenirs et anticipations (1 et 2 dans le schéma ci-dessus).

Cet ensemble d'informations constitue le contenu de son modèle du monde. Ces informations sont codées sous forme visuelle, auditive, kinesthésique ou olfactive et gustative et peuvent être décomposées en ces termes. Ce niveau est celui des structures du modèle expérientiel du monde de cette personne, soit :

- □ V : les images présentes ou concernant le passé ou le futur;
- □ A : les divers sons, voix et dialogues présents ou mémorisés;
- □ K : les sentiments ou sensations présents ou mémorisés;
- □ O : les saveurs et odeurs présentes ou stockées dans sa mémoire.

Nous postulons que le modèle du monde d'un être humain résulte du processus interne de combinaison de ces diverses informations sensorielles.

A la différence de la plupart des autres approches de la personnalité, la PNL ne s'intéresse pas beaucoup aux contenus et à l'analyse de leur signification. Ses auteurs ont préféré couper à travers l'inextricable complexité de leur étude, qui remplit déjà des milliers de volumes de psychologie, de psychiatrie et de philosophie pour intervenir directement à un niveau logique différent : celui qui traite de la façon dont ces contenus sont codés et organisés.

Pour cette raison, ses créateurs définissent la PNL comme l'approche se consacrant à l'étude des structures de l'expérience subjective.

En PNL, le fait qu'une personne crée à un moment donné son expérience sous forme d'images ou de dialogues internes est plus important que le contenu même de ces représentations.

ANALOGIQUE ET DIGITAL

Les termes « analogique » et « digital » appartiennent à l'origine au langage de l'informatique. Gregory Bateson les ayant utilisés pour parler de la communication, ils ont fait avec lui leur entrée dans le vocabulaire des sciences humaines. Lorsqu'une information est transmise au moyen d'un code arbitraire, et qu'il n'existe pas de lien direct entre ce code et la chose communiquée, ce mode de transmission est dit digital. C'est le cas du langage. Il n'y a par exemple pas de lien direct entre le mot chaise et ce qu'il désigne.

On distingue un autre code de communication dans lequel il existe un rapport entre la chose communiquée et la façon dont on la communique. Ce mode de communication est dit analogique : le dessin ou la photo d'une chaise par exemple.

L'homme est la seule créature vivante capable d'utiliser ces deux modes de communication : nous communiquons et nous nous représentons notre expérience sur ces deux registres. Nous faisons appel au même système de notation « V A K O » pour représenter ces deux modes. Lorsque c'est nécessaire, nous spécifions ^{a} pour analogique et ^{d} pour digital.

L'expérience que vit une personne occupée par un dialogue interne se notera $A^{i/d}$ (i pour interne et d pour digital), ou relisant mentalement un rapport : $V^{i/d}$. Si elle écoute de la musique, on aura : $A^{e/a}$ (e pour externe et ^{a} pour analogique), ou si elle regarde un tableau : $V^{e/a}$.

Soulignons que le langage peut être codé dans les trois systèmes suivants :

- □ V : les mots écrits
- □ A : les mots parlés
- □ K : le langage braïl.

Dans ce cadre, nous nous attachons à comprendre ce que sont les séquences d'événements sensoriels internes qu'elle traverse dans une situation spécifique, qu'il s'agisse d'un problème ou d'une ressource, ainsi que la manière dont cette séquence interagit avec ce qu'elle perçoit de son environnement externe.

Système de représentation principal

Bien que nos cinq sens soient actifs en permanence, chacun de nous, par habitude ou sous stress, a tendance à privilégier un sens pour organiser sa représentation des événements ou pour communiquer avec les autres.

Le système de représentation principal d'un individu est celui dans lequel il fait preuve de la plus grande finesse de perception et qu'il utilise le plus souvent. C'est également celui dont il est le plus conscient. L'un portera une attention particulière à ce qu'il voit et sera également capable d'avoir des images nettes de ses souvenirs ou de se créer facilement un tableau imaginaire. Un autre sera plutôt conscient de ce qu'il ressent et attachera davantage d'importance à cette partie de son expérience. Chacun enregistre donc la réalité à sa manière, et la carte mentale qu'il construit n'est pas semblable à celle de son voisin. *Dès que ce système est identifié, il peut servir de premier canal pour communiquer avec la personne.*

Si deux individus n'ont pas le même système de représentation principal, leur expérience d'un même événement sera très différente. C'est ce qui explique en partie les surprenantes divergences des récits de témoins d'une scène donnée ou encore certaines difficultés conjugales. Bien souvent, nous nous apercevons que les partenaires expérimentent différemment une situation qu'ils vivent en commun. Lui parle en termes d'images, elle en termes de sensations et de sentiments. On retrouve en fait ce phénomène dans bon nombre de problèmes de communication. D'après Grinder et Bandler, 40 % des gens environ seraient d'abord des visuels, 40 % des auditifs, et 20 % des kinesthésiques.

Quels sont les facteurs qui déterminent le choix d'un système de représentation principal ? Ils sont très variés, certains sont peut-être d'ordre génétique, les autres sont culturels, familiaux on ne compte pas moins de huit générations de musiciens dans la famille Bach, dont neuf organistes célèbres) et personnels.

L'enfant qui naît à une certaine époque, dans une culture et une famille déterminées et qui va vivre une histoire unique,

LA CONSCIENCE

Lorsqu'on parle de l'expérience humaine ou des processus de cette expérience, il est important de faire la distinction entre ce qui est conscient et ce qui ne l'est pas. Quand, dans ce livre, nous employons le terme « inconscient », nous employons celui-ci dans le sens uniquement opérationnel de « tout ce dont une personne n'est pas consciente », c'est-à-dire toute l'activité mentale — perception et représentation — qui prend place hors de son attention.

1. La conscience est la partie apparente d'une activité interne permanente beaucoup plus large.
En PNL, la conscience n'est pas conçue comme une sorte d'entité séparée ou de force autonome, mais simplement comme une propriété émergeante de notre système nerveux, dont le fonctionnement se déroule pour la plus grande part en deçà de notre seuil de conscience (voir schéma ci-dessous).

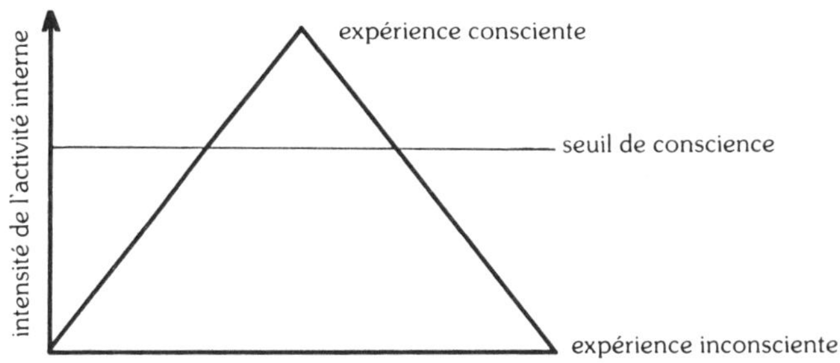

C'est l'intensité de cette activité interne qui ferait qu'elle franchit ou non la barre de notre seuil de conscience.
Le schéma suivant reprend les mêmes idées, auxquelles nous ajoutons la notion de système de représentation.
Nous postulons que les différents systèmes de représentation sont actifs en permanence bien que nous ne soyons conscients que par moments de ce que nous voyons, entendons et ressentons (les endroits indiqués par des flèches sur notre schéma).

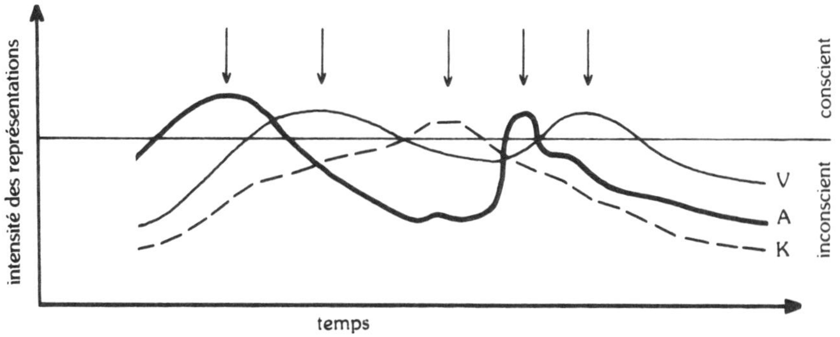

2. La conscience est limitée.
Nos capacités de perception consciente sont limitées. Dans un article de psychologie expérimentale, « Le chiffre magique 7 ± 2 », l'Américain Georges Miller a mis en lumière les limites de l'expérience consciente. Il ressort de ses recherches qu'un être humain est capable de prendre en compte consciemment en une seule fois sept informations ou ensembles d'information, avec une marge possible de plus ou moins deux. Au-delà de ce chiffre, ou bien certains éléments ne sont plus perçus, ou bien les erreurs de perception augmentent considérablement.
Du flot de stimulations internes et externes auxquelles nous sommes soumis à chaque instant, nous ne pouvons capter à un instant donné que 7 ± 2 éléments (d'où l'importance de la pertinence de ce que nous retenons — voir mécanisme de sélection).

3. Notre inconscient est un réservoir d'automatismes.
La majeure partie de notre fonctionnement est automatique, et tout ce qui est automatique est inconscient. C'est le propre de tout apprentissage : une fois qu'il est intégré, il devient disponible automatiquement.
Vous vous souvenez peut-être de l'époque où vous appreniez à faire du vélo. Il fallait tenir le guidon, garder l'équilibre et pousser sur les pédales. Faire tout cela en même temps pouvait vous paraître insurmontable. Un adulte vous a sans doute aidé en tenant l'arrière de votre vélo lors de vos premières tentatives, à moins qu'on ne vous ait installé de petites roues sur vos roues arrière pour vous simplifier la tâche. Puis, progressivement, vous

avez appris, et c'est devenu de plus en plus facile, jusqu'à être un exercice banal accompli automatiquement.
Même si vous restez vingt ans sans faire de bicyclette, le jour où vous en reprenez une, le programme que vous aviez acquis à l'époque est toujours disponible. En quelques instants, vous retrouvez votre savoir-faire d'antan.
Ces programmes ne concernent pas seulement notre motricité. Nos façons de ressentir et de penser sont, elles aussi, largement automatisées, et tous ces programmes moteurs et cognitifs sont stockés dans notre inconscient. Si, à ces apprentissages, nous ajoutons les programmes qui sont donnés génétiquement, et qui permettent par exemple le fonctionnement et la régulation de nos organes, de notre respiration, ou la pousse de nos cheveux, on s'aperçoit que, sans automatismes, nous ne pourrions pas faire grand-chose, et que l'intervention de la conscience ne touche qu'une sphère réduite de notre existence.
Nos capacités ne se limitent pas à celles dont nous sommes conscients, et selon la formule de Milton Erickson, « nous savons plus que nous ne savons que nous savons ».
L'inconscient tel que nous le concevons ici est donc dépositaire d'une quantité considérable de connaissances et de ressources actuelles ou potentielles, sur lesquelles nous prenons appui dans notre travail.

n'aura pas la même expérience qu'un autre, né dans un contexte différent.

En outre, les apprentissages de l'enfance ayant valeur de modèle et de référence, le système de représentation que nous avons le plus utilisé dans certaines circonstances de notre passé reste celui que nous employons le plus facilement tout au long de notre vie, qu'il soit approprié ou non.

Ainsi, dans la mesure où nous privilégions des informations au détriment d'autres, nous sélectionnons notre propre tableau de la réalité et agissons en fonction de lui comme s'il était le monde même, et partagé par tous.

Les prédicats

Il est possible d'identifier le système de représentation qu'utilise une personne à un moment donné en prêtant simplement attention aux prédicats (verbes, substantifs, adjectifs, adverbes) qui apparaissent lorsqu'elle parle.

La personne en contact avec la portion visuelle de son expérience emploie des prédicats à base sensorielle comme « c'est clair », « j'ai une image en tête ». Celle qui privilégie la partie auditive de son expérience s'exprimera plutôt ainsi : « je me dis que », « j'entends que », « ça me parle ». Quant à celle qui se construit une représentation kinesthésique, elle « sent que » ou elle est « en contact avec ».

Aussi curieux que cela paraisse, une faible partie seulement de la communication verbale est d'ordre métaphorique. La personne qui vous répond qu'elle voit clairement de quoi il s'agit est réellement en train de se représenter ce que vous venez de lui dire sous forme d'images. Celle à qui « ça parle » ou pour qui « ça résonne » vous informe littéralement qu'elle se construit auditivement la signification de vos propos. La sélection de ces prédicats s'opère bien sûr à un niveau inconscient.

La liste ci-dessous donne quelques exemples des prédicats les plus couramment utilisés dans chacun des trois principaux systèmes.

Visuel	**Auditif**	**Kinesthésique**
Voir, regarder, montrer, cacher, clarifier, éclairer, visualiser, perspective, image, clair, lumineux, sombre, brillant, coloré, vague, flou, net, clairement, vaguement	Entendre, parler, dire, écouter, questionner, sonner, dialogue, accord, désaccord, bruit, rythme, tonalité, mélodieux, musical, discordant, bruyamment	Sentir, toucher, pression, en contact avec, relaxé, concret, ferme, sensible, insensible, tendre, solide, mou, blessé, chaleureux, froid, sensiblement

Le système principal d'une personne étant celui dans lequel elle s'exprime le plus souvent, la fréquence d'emploi des prédicats appartenant à chacun des trois systèmes les plus usités — V A K — permet de le repérer facilement.

Passé le premier moment d'étonnement lorsque nous exposons ce point dans nos séminaires, les participants commencent à écouter tout discours d'une autre oreille, puis apprennent rapidement comment mettre à profit cette connaissance.

L'une des applications intéressantes que vous pouvez en faire consiste à *assortir vos prédicats avec ceux de votre client* (ou conjoint, collègue, élève...) afin de communiquer avec lui dans le même système de représentation, ce qui vous permet alors littéralement de « parler son propre langage ».

« Voyez-vous ce que je veux vous montrer ?
— Oui, pour moi, la perspective est claire. »

« Ce qu'il dit ne me parle plus du tout, il n'y a plus d'harmonie dans notre couple.
— De quoi auriez-vous besoin l'un et l'autre pour vous entendre à nouveau ? »

« C'est quelqu'un de concret. Il a pris une décision solide et il s'y tiendra.
— Je sens moi aussi qu'il a bien les pieds sur terre dans cette affaire. »

Certains prédicats sont non spécifiques en ce sens qu'ils n'indiquent aucun des paramètres sensoriels de l'expérience. C'est le cas de mots comme :

penser	comprendre	changer	croire
savoir	apprendre	se souvenir	considérer

Vous pouvez alors obtenir une spécification de la part de votre interlocuteur en posant la question : « Comment sais-tu (penses-tu, crois-tu) cela ? », ce qui amène généralement une réponse du type : « Eh bien, je me dis que/je vois que/je sens que... »

En assortissant vos précidats à ceux de votre interlocuteur, vous communiquez à celui-ci, à un niveau inconscient, que vous êtes en contact avec la même portion d'expérience que lui, en même temps que lui, et vous lui conférez le sentiment puissant d'être véritablement écouté et compris.

Inversement, le non-assortissement des prédicats complique bien souvent la communication inutilement :

Client : Je suis triste, nous nous sommes disputés la semaine dernière avec ma femme et elle est partie. Depuis, je me sens désemparé, je me sens mal... C'est une expérience vraiment dure pour moi.

Thérapeute : Pour être plus clair sur l'aide que je pourrais vous apporter, voulez-vous retrouver l'image de cette scène de la semaine dernière et m'en dire plus ? Je verrai mieux ce qui se passe.

Client : Je n'ai pas d'image en tête... simplement je ne me sens pas bien... Je ne vous sens pas en contact avec mon problème.

Le client privilégie ici la partie kinesthésique de son expérience. Malgré ses bonnes intentions, le thérapeute répond à travers une autre dimension sensorielle, sa représentation visuelle. Après quelques interactions de ce genre, il risque de conclure que son client est trop perturbé par la situation pour penser clairement ou encore, il va décider que celui-ci « résiste ». De son côté, le client considérera sûrement que le thérapeute est insensible à sa douleur et ne le comprend pas.

La *traduction* est une autre application du repérage du système de représentation principal. Elle consiste à reformuler ce que dit une personne en utilisant des prédicats choisis dans un autre système que le sien. La traduction est utile lorsque deux personnes ont des difficultés à se comprendre parce qu'elles ont des systèmes de représentation principaux différents et attachent à certains aspects de leur expérience beaucoup plus d'importance qu'aux autres. Le désordre peut être désagréable au visuel, le silence ou la cacophonie désagréables à l'auditf. Si cet état de choses est source de différends, il est possible d'aider quelqu'un à comprendre l'expérience de l'autre en la traduisant en des termes qui lui sont plus accessibles. Au kinesthésique, nous dirons par exemple que face au désordre qu'il laisse dans la maison, son conjoint éprouve ce qu'il éprouverait, lui, en entrant dans un lit plein de miettes de pain.

Comme nous pouvons le constater, l'assortiment des prédicats ou leur traduction d'un système dans un autre concerne la forme de la communication, indépendamment de son contenu. Ce procédé est donc applicable dans n'importe quel contexte de communication verbale, chaque fois qu'il est important d'établir un rapport satisfaisant avec une autre personne.

4
L'observation

Aviez-vous remarqué que chaque brin d'herbe est d'un vert différent ?
MILTON ERICKSON

La pleine utilisation de ses capacités sensorielles ainsi que la richesse des informations auxquelles l'intervenant peut accéder grâce à une observation attentive font partie des thèmes constants qui traversent le travail de Grinder et Bandler. Un professionnel de la communication a tout intérêt à s'appuyer sur trois points clés pour faciliter son travail :

Un objectif clair : dans la pratique de la PNL, le résultat recherché, c'est le but que veut atteindre le client, tel qu'il a été défini et accepté par les deux parties, client et praticien.

Un comportement souple qui lui permette de réajuster ses interventions chaque fois que c'est nécessaire pour parvenir à son but. L'une des règles opérationnelles de la PNL est que, si ce que fait l'intervenant ne marche pas, il vaut mieux qu'il fasse quelque chose de différent. Faire « plus de la même chose » conduit généralement à obtenir plus du même résultat, et le communicateur efficace est le plus souvent celui qui possède une flexibilité de comportement et un répertoire d'options assez large pour s'adapter à chaque situation.

Un sens aigu de l'observation, pour évaluer d'instant en instant l'impact qu'il a sur son interlocuteur. En restant attentif à sa propre expérience sensorielle, ce qu'il voit, entend et ressent, il peut apprécier si son intervention est bonne ou pas, ainsi que savoir quand il est arrivé à son résultat.

Ce dernier atout est nécessaire pour mettre à profit les deux points précédents. La PNL repose principalement sur l'observation sensorielle et le feedback[2] que peut donner celle-ci. Apprendre à voir et à entendre est la première qualité à développer pour exploiter les procédures de travail de cette approche.

Apprendre à percevoir

Bien que nous ayons des limites génétiques dans le domaine de la perception sensorielle, la plupart d'entre nous restent bien en deçà de celles-ci. Pour nous en assurer, il nous suffit de penser par contraste à la finesse de distinction de couleurs et de formes dont est capable le peintre ou bien au mélomane qui peut différencier les timbres des quarante instruments d'un orchestre symphonique, ou au musicien indien habitué à entendre les quarts de tons.

L'équivalent de ces exemples concernant la vue et l'ouïe existe également pour nos autres sens comme le démontre le talent du goûteur d'eau ou de vin.

La plupart d'entre nous, au cours de nos apprentissages, n'avons guère développé nos programmes perceptifs au-delà d'un niveau d'utilisation courante, c'est-à-dire celui nécessaire à notre survie et notre orientation dans le monde. Néanmoins, cette capacité à percevoir étant apprise, il est possible de la perfectionner. Avec un esprit curieux et l'entraînement approprié, nous pouvons améliorer notre acuité sensorielle.

Un bon moyen de s'entraîner à une meilleure utilisation de ses sens consiste à décomposer l'expérience sensorielle en ses différents paramètres — visuel, auditif, kinesthésique, olfactif et gustatif — et à porter successivement son attention sur chacun d'eux. Ces modalités sensorielles peuvent à leur tour être décomposées en leurs caractéristiques spécifiques, appelées submodalités en PNL. Pour les trois principaux systèmes :

Visuel	**Auditif**	**Kinesthésique**
Forme, taille, couleur, contraste, ombre, distance, proportion, mouvement, localisation, perspective, net/flou	Volume, timbre, tonalité, durée, tempo, direction	Forme, taille, poids, texture, consistance, pression, mouvement, direction, température

Si vous le voulez, (re)prenez maintenant contact avec la partie visuelle de votre environnement : sélectionnez une portion de cet environnement visuel et observez-le en fonction des submodalités (forme, taille, couleur, contraste...). Procédez pareillement avec la partie auditive de votre environnement. Puis, avec la partie kinesthésique, en utilisant votre sens du toucher.

En prenant ainsi en compte méthodiquement chacune des composantes de votre expérience sensorielle, vous pourrez noter une foule de caractéristiques que vous n'aviez pas remarquées auparavant, car, nous l'avons déjà souligné, ce que nous ne nommons pas émerge rarement à notre conscience. En vous aidant de ce vocabulaire pour organiser votre perception, vous pourrez réintroduire dans votre champ de conscience toute une dimension sensorielle qui restait auparavant inexploitée.

Lorsqu'un individu est capable d'inclure davantage de distinctions sensorielles dans son expérience du présent, celui-ci prend un relief tout à fait neuf et, comme tout apprentissage, après un certain temps de pratique, cette nouvelle aptitude devient inconsciente et disponible automatiquement.

Observer le comportement humain

Les macro et les micro-comportements

Lorsque nous observons le comportement d'une personne dans notre travail, nous prenons en considération un certain nombre d'éléments visuels spécifiques, en plus de ceux cités précédemment : posture, mouvements du corps entier, gestes, modifications du tonus musculaire, respiration, changements de la coloration de la peau, modification de la taille des pupilles et des lèvres, mouvements des muscles du visage, mouvements oculaires.

Nous portons notre attention sur deux catégories de comportements, les macro et les micro-comportements. Tout en parlant, une personne fait les cent pas dans la pièce, puis elle s'assied et croise sa jambe gauche sur la droite. Ensuite, elle se relève et marche à nouveau en se grattant la tête. Dans cet exemple, nous appelons macro-comportements sa posture et ses mouvements (marche, s'assied, croise les jambes, se gratte la tête). Dans le même temps, elle serre parfois les mâchoires, la taille de ses pupilles varie, elle respire d'abord dans le haut de sa poitrine puis dans le milieu, sa peau devient légèrement plus colorée, ses yeux se déplacent dans certaines directions, etc. Ce sont ces comportements minimaux que nous nommons micro-comportements.

Alors que la personne est souvent consciente d'une grande partie de ses macro-comportements, elle ne l'est généralement pas des micro-comportements, qui sont automatiques et mis en œuvre à un niveau inconscient. Or, toute cette micro-dynamique est riche d'enseignements pour l'observateur attentif.

Le comportement humain est organisé en automatismes

Lorsque nous observons le comportement d'une personne, nous constatons tout d'abord qu'il est organisé en séquences automatiques. Dans un second temps, il est possible de repérer, parmi ces automatismes, ceux dont elle n'est pas consciente.

« Les êtres humains tendent à réagir selon des structures déterminées. Une fois qu'un individu a mis en place un schéma de comportement, il est porté à le suivre. Vous n'avez pas idée à quel point nous sommes tous rigidement organisés[3]. »

Si quelqu'un vous tend sa main parallèlement au sol, ce geste déclenche chez vous un comportement complémentaire dans lequel vous tendez la vôtre et serrez celle de la personne d'en face, tout en la secouant de bas en haut. Ce rituel de la poignée de main est un exemple de comportement structuré largement automatique. Dans notre société, tendre la main vers autrui de cette manière déclenche presque toujours et automatiquement la séquence comportementale décrite ci-dessus.

Cette organisation est évidente dans des comportements simples comme serrer la main, allumer une cigarette ou conduire une voiture. On la retrouve également dans les habitudes quotidiennes communes à la plupart d'entre nous. Telle personne, en s'habillant, mettra régulièrement sa chemise avant d'enfiler son pantalon. Une autre fera le contraire. Un homme qui se rase commence généralement toujours par la même partie du visage — la lèvre supérieure ou le menton, par exemple — et poursuit son rasage selon un ordre immuable.

Ces exemples illustrent bien ce que nous entendons par comportement structuré : un comportement qui est toujours identique dans un contexte donné, et dont le déroulement suit toujours à peu près le même schéma.

Le fait que la plupart de nos comportements soient organisés en séquences automatiques nous permet de nous concentrer sur des activités plus intéressantes que par exemple se demander à chaque fois comment lacer nos chaussures ou comment manipuler le levier de vitesse de notre voiture. Lorsque nous conduisons, l'automatisme de nos gestes nous permet d'être disponibles pour regarder le paysage ou parler avec nos passagers.

En fait, si nous devions diriger consciemment notre attention sur chacun de nos gestes et réfléchir à toutes les variantes possibles dans l'exécution de nos actes les plus simples, nous serions submergés par la quantité d'informations à prendre en compte.

Lorsqu'on passe au domaine plus psychologique des situations qui concernent le thérapeute, on retrouve cette organisation dans les comportements observés. Les attitudes qui débouchent sur des résultats positifs ou négatifs se présentent elles aussi en séquences dont les caractéristiques — macro et micro — sont observables. En parlant avec un proche, vous avez sans doute déjà eu l'expérience, après quelques échanges, de vivre cette impression de déjà vu ou de déjà entendu : vous avez déjà eu ce type de discussion avant, et telle qu'elle se déroule, elle va se terminer presque inévitablement, et une fois de plus, par un malaise chez l'un des partenaires et peut-être les deux. Les mêmes expressions sont prononcées avec les mêmes intonations de voix souvent accompagnées de la même attitude corporelle. Le sujet abordé peut se répéter ou varier. Si le contenu diffère, qu'il s'agisse de l'organisation du week-end ou de politique, ce qui est commun, c'est le processus selon lequel la conversation se déroule. Les étapes successives sont semblables et aboutissent au même résultat. Le concept de jeu de l'analyse transactionnelle[4] qui décrit ce processus rend bien compte de ce qui se passe lorsque la communication entre deux personnes devient redondante et s'achemine vers un terme prévisible.

La plupart des problèmes dans le domaine des relations humaines sont répétitifs, que les séquences impliquées durent quelques secondes ou plusieurs jours. Cette constatation simplifie la tâche du thérapeute qui, lorsqu'il a identifié l'un de ces schémas, peut être assuré qu'il se répétera. En en observant le déroulement, il peut repérer les étapes successives et construire une stratégie d'intervention.

Cette organisation se retrouve aux différents niveaux de l'expérience humaine, qu'il s'agisse du maniérisme et des habitudes d'une personne, ou de la façon dont elle installe et perpétue un état dépressif, ou bien encore de celle dont elle entre en relation avec les autres.

Lorsqu'on observe les micro-comportements, on peut constater que ce qui est vrai au niveau macro l'est encore davantage au niveau micro. Telle personne fronce les sourcils automatiquement chaque fois que l'on prononce une phrase déterminée. Elle porte sa tête en avant, les coins de sa bouche descendent légèrement, sa respiration marque un temps d'arrêt... Une autre avec qui l'on évoque le même sujet incline la tête sur le côté, rosit, respire plus rapidement et cligne des yeux à certains mots. A moins d'un changement thérapeutique ou spontané dû à un événement de leur vie, l'une et l'autre continueront à présenter cette même micro-dynamique en réaction à la même situation. Différentes personnes réagissent par différents micro-comportements à une même situation, mais l'important est que chacune d'elles répète la plupart de ces comportements lorsqu'elle se retrouve à nouveau dans le même contexte.

La calibration

A tout instant, nous pensons, nous ressentons et nous nous comportons. Le comportement est la partie apparente d'un ensemble plus complet dont l'autre partie est constituée par l'expérience interne du sujet, pensées et sensations. Comportements externes et représentations internes sont liés, et tout comportement suppose et reflète une activité neurologique — V A K O — qui le sous-tend.

Nous nous comportons en fonction de ce que nous pensons et ressentons, consciemment ou non, et l'on peut comparer notre cerveau à une sorte de bio-ordinateur central qui traiterait l'information et mettrait en œuvre des programmes alors que le comportement serait le terminal de cet ordinateur. Tout comportement suppose une activité neurologique correspondante et, inversement, s'il n'y a pas d'activité neurologique il n'y a pas de comportement.

Chez nous êtres humains, tous les comportements — macro et micro — sont la manifestation des processus internes neurologiques et sont donc porteurs d'information sur ces processus.

Puisque l'état interne dans lequel se trouve une personne est reflété d'une façon ou d'une autre par son comportement, lorsqu'un individu expérimente un état quelconque, l'observation permet de détecter les comportements associés à cet état.

con Calibrer consiste à repérer les indicateurs comportementaux associés à un état interne afin de pouvoir utiliser plus tard cette observation. Lorsqu'en thérapie une personne parle d'un état de découragement ou de confusion, ou encore lorsqu'elle évoque une situation où elle a été particulièrement brillante, il est possible de détecter les indicateurs comportementaux même minimes associés à cette expérience : sa posture, la position de sa tête, les traits de son visage, la coloration de sa peau, sa respiration, etc. Cette connaissance peut être utilisée ultérieurement pour, par exemple, interrompre rapidement ces comportements dès qu'on repère leur première manifestation s'ils correspondent à un état interne pénible, ou au contraire pour déclencher à nouveau chez la personne un état interne positif en induisant chez elle les comportements associés à celui-ci. La manière de l'amener à reproduire ces comportements peut être directe, ou beaucoup plus discrète si nécessaire (les notions de synchronisation et de conduite traitées dans le chapitre suivant permettent de comprendre comment).

EXPÉRIENCE DE CALIBRATION

Si vous désirez vous initier à ce travail de calibration, vous pouvez vous livrer à l'expérience suivante:

Tout d'abord, demandez à un partenaire de penser à une expérience désagréable pour lui — par exemple à quelqu'un qu'il n'aime pas. Observez bien ses réactions non verbales pour les calibrer. Ensuite, demandez-lui de penser à une expérience neutre — par exemple à quelqu'un qui l'indiffère — et calibrez. Enfin, demandez-lui de penser à une expérience agréable — par exemple à quelqu'un qu'il aime — et calibrez de nouveau. Si vous n'êtes pas certain de posséder suffisamment d'éléments pour identifier chacune de ces situations, invitez la personne à répéter celle que vous désirez observer à nouveau en lui demandant au besoin d'intensifier cette expérience.

Dans le second temps de l'exercice, votre partenaire va se remémorer cinq ou six fois de suite les différentes situations, mais dans n'importe quel ordre. Votre tâche consiste alors à pouvoir les identifier.

Nous vous soumettons ici un exemple simple, mais vous pouvez en inventer d'autres en augmentant la difficulté jusqu'à parvenir à des distinctions de plus en plus fines, comme demander à votre partenaire de penser à une fleur puis à une autre, ou au coin droit de l'un de ses meubles, puis au coin gauche, et deviner à chaque fois de quoi il s'agit.

En thérapie, la calibration peut également être utilisée pour évaluer le résultat d'un travail qu'on vient d'effectuer. En proposant au client d'évoquer à nouveau le problème traité, nous pouvons observer les micro-comportements qui y sont associés. S'ils sont différents de ceux que nous avons calibrés avant de commencer le travail, l'expérience interne que vit maintenant la personne a vraisemblablement changé elle aussi. Si ce sont les mêmes, le problème n'est pas réglé, quelles que soient par ailleurs les déclarations verbales du client. En plus de la calibration « avant/après », un autre moyen de tester la validité du changement consiste à demander à l'intéressé de se projeter dans le futur, dans les jours ou les semaines à venir, et à s'imaginer dans le contexte correspondant au problème. A nouveau, on peut repérer les indicateurs externes associés à cette expérience, et voir s'ils sont concluants.

Il arrive parfois qu'une personne annonce verbalement une modification de son état pour se faire plaisir ou satisfaire son thérapeute, tout en méconnaissant la persistance du problème, et elle peut contrôler certains de ses comportements pour aller dans ce sens. Dans ce cas, l'observation des micro-comportements, dont elle n'est pas consciente, apporte un feedback précieux à l'observateur.

Les mouvements oculaires

En poursuivant leurs recherches sur les rapports entre le comportement et l'organisation neurologique de l'être humain, Grinder et Bandler et leurs associés se sont aperçus que certains micro-comportements allaient de pair avec certains systèmes de représentation. C'est le cas des mouvements d'yeux.

« Chacun de nous a développé des mouvements corporels spécifiques qui indiquent à l'observateur astucieux quel système de représentation nous utilisons. Particulièrement riches sont les schémas de nos mouvements oculaires... Pensez par exemple au nombre de fois où vous avez posé une question à une personne et où elle a marqué un temps d'arrêt en disant : »Humm, voyons un peu...« , tout en accompagnant sa verbalisation d'un mouvement des yeux en haut à gauche. Le mouvement des yeux en haut et à gauche stimule (chez les droitiers) des images eidétiques (images dont la personne se souvient) localisées dans l'hémisphère non dominant.

Les voies neurologiques correspondant au côté gauche des deux yeux — le champ visuel gauche — sont représentées dans l'hémisphère cérébral droit (non dominant). Le déplacement des yeux en haut et à gauche est le moyen le plus fréquemment employé pour stimuler cet hémisphère cérébral de façon à accéder à une mémoire visuelle.

Inversement, les mouvements d'yeux en haut et à droite stimulent l'hémisphère cérébral gauche et les images construites, c'est-à-dire des représentations visuelles de choses que la personne n'avait jamais vues avant.

Développer votre capacité à détecter le système de représentation qu'une personne valorise le plus vous donnera accès à un outil extrêmement puissant dans le domaine de la communication hypnotique efficace (ou non hypnotique)[5]. »

La détection des prédicats employés par une personne fournit une première indication sur le système de représentation auquel elle accède à un moment précis. L'observation de ses mouvements d'yeux en constitue une seconde. Le tableau ci-dessous ainsi que les illustrations donnent les correspondances entre mouvements oculaires et représentations, pour un droitier, du point de vue de l'observateur.

Position des yeux	**Type de représentation**
En haut à gauche	Image construite
En haut à droite	Mémoire visuelle (souvenir)
Au milieu, dans le vague	Image mémorisée ou construite
Au milieu, à droite ou à gauche	Auditive
En bas à gauche	Kinesthésique
En bas à droite	Auditive (dialogue interne)

« Ecoutez (yeux milieu gauche : auditif), notre relation n'est plus comme avant. Nous sommes en désaccord (yeux milieu gauche) sur tout et rien, et chaque fois que je veux en parler (yeux milieu gauche, droite, gauche) je ne fais qu'amplifier le problème (yeux bas droite : dialogue interne). »

Les mouvements oculaires
(Du point de vue de l'observateur)

Yeux en haut à gauche :
voit quelque chose qui
n'a pas été vu avant.
Image construite

Yeux en haut à droite :
se souvient de quelque
chose de déjà vu.
Mémoire visuelle

Yeux au milieu, dans le vague :
regarde dans le vide avec
légère dilatation de la pupille.
Image mémorisée ou construite

Yeux au milieu, à droite ou à gauche :
entend des sons extérieurs ou internes
(mémorisés ou imaginés).
Auditif

Yeux en bas à gauche :
sensations, émotions.
Kinesthésique

Yeux en bas à droite :
dialogue interne.
Auditif

« C'est clair pour moi (yeux haut gauche : image construite) que je veux changer ma façon de réagir dans ce domaine. Je ne me vois pas (yeux haut gauche) continuer comme ça encore longtemps. »

« Quand je revois le brouillard dans lequel j'étais (yeux haut droite : mémoire visuelle), je me dis que j'ai fait du chemin (yeux bas droite : auditif) et que c'est bon de se sentir solide (yeux bas gauche : kinesthésique). »

L'observation des mouvements oculaires offre l'un des moyens les plus rapides que nous connaissions pour déterminer comment une personne construit son expérience d'instant en instant. Cette information est exploitable même quand les prédicats ne sont pas spécifiques.

« Quand je repense aux changements (yeux haut gauche, haut droit, haut gauche) que j'ai faits dans ma vie cette année, je me rends compte que j'ai enfin atteint mes objectifs (yeux bas droite), et croyez-moi, ça fait une sacrée différence (yeux bas gauche). »

L'homme cité dans cet exemple accède d'abord à une image construite, puis à une image du passé, puis à nouveau à une image construite : sans doute se voit-il tel qu'il est aujourd'hui, puis tel qu'il était et à nouveau tel qu'il est. Il compare ces images et commente la différence auditivement (dialogue interne), puis enfin évalue cette différence kinesthésiquement (il se sent bien). De façon plus intéressante encore, cette observation des mouvements oculaires permet de suivre la façon dont la personne pense, même quand elle ne parle pas.

Les dessins des mouvements oculaires que nous vous présentons ici sont applicables dans la plupart des cas. Cependant, toute règle a ses exceptions, et cette organisation diffère chez certaines personnes. Chez des gauchers ou même quelques droitiers, tous ces schémas ou seulement quelques-uns d'entre eux peuvent être latéralement inversés. La personne peut se remémorer par exemple une image en haut à gauche (toujours du point de vue de l'observateur) et non pas en haut à droite. Chez d'autres, plus rarement, images construites et images souvenirs semblent être accessibles au même endroit. Ici,

EXPÉRIENCE D'OBSERVATION DES MOUVEMENTS OCULAIRES

Vous pourrez tester par vous-même l'existence d'une telle organisation en choisissant un partenaire à qui vous poserez une série de questions spécifiques à base sensorielle concernant chacun de ces systèmes, et en observant ses mouvements d'yeux pendant qu'il s'engage dans la recherche interne de la réponse. Voici quelques suggestions de questions :

- *Mémoire visuelle :* De quelle couleur sont les yeux de ta mère ? Comment est la couverture du dernier livre que tu as lu ? Où se trouve la marche arrière dans ta voiture ?
- *Image construite :* Quelle allure aurais-tu avec des cheveux violets ? Imagine un éléphant rose à pois verts avec un cou de girafe.
- *Auditif :* Retrouve le début de ton morceau de musique favori. Quel bruit fait ta porte d'entrée quand elle claque ?
- *Kinesthésique :* Imagine la sensation d'un glaçon dans ton dos/la sensation du soleil lorsque tu es allongé sur une plage. Que ressens-tu lorsque tu touches une étoffe en velours ?

comme ailleurs, nous vous engageons à vous fier d'abord à vos propres capacités d'observation. Il faut simplement savoir que chaque fois qu'une personne est en contact avec un système de représentation, elle dirige ses yeux dans une direction définie, qui reste constante chez un même individu. Une fois cette relation identifiée, l'information qu'elle véhicule est disponible à tout instant, que la personne parle ou qu'elle se taise. Lorsque vous êtes familiarisés avec ce type d'observation, vous pouvez alors vraiment « regarder les gens penser ».

Système conducteur et système de représentation

Si vous vous livrez à l'expérience précédente avec plusieurs personnes, vous observerez parfois un phénomène particulier. Il se peut que l'une d'elles, pour imaginer la sensation du soleil sur sa peau, déplace d'abord ses yeux en haut à droite (image souvenir) puis seulement ensuite en bas à gauche (kinesthésique) ou encore, si vous lui demandez d'entendre le bruit de sa porte d'entrée qui claque, elle déplacera d'abord ses yeux en haut à droite (image souvenir) puis au milieu à droite ou à gauche (auditif).

Dans le premier cas, elle a sans doute vu d'abord une image d'elle-même allongée sur une plage (visuel), puis, en s'aidant de cette image, elle a retrouvé la sensation du soleil sur sa peau (kinesthésique). De même, dans le second cas, elle a vu sa porte d'entrée (visuel), puis en la regardant se fermer, a entendu le bruit (auditif).

Le second système utilisé par la personne est celui qui lui permet de se représenter l'expérience sur laquelle vous l'avez questionnée. Nous l'appelons *système de représentation.* Le premier système lui sert de guide pour aller à la recherche interne de l'information; c'est le *système conducteur.*

De même qu'un être humain privilégie un certain système de représentation, il favorise un système conducteur particulier. Toutes les combinaisons sont possibles, et guidage et représentation peuvent faire partie du même système — V, A, K — ou de systèmes différents.

Lorsque les systèmes ne sont pas les mêmes, nous traduisons une information d'un système dans un autre. Cette faculté de passage de l'un à l'autre se rapproche de ce que l'on désigne en psychologie sous le terme de synesthésie[6].

> *« Je vois du sang (réellement : V^e, ou en imagination : V^i) et je me sens mal (K). »* $V \rightarrow K$
>
> *« J'entends la voix d'un chanteur (A^e ou A^i) et je revois son visage (V). »* $A \rightarrow V$
>
> *« Je sens une crampe dans mon estomac (K) et je me dis que j'ai faim (A). »* $K \rightarrow A$

Dans chacun de ces exemples, le premier système est le système conducteur, le second, le système de représentation.

Cette distinction entre ce que l'on peut observer et le système qu'utilise une personne à un moment donné se retrouve également lors de l'écoute des prédicats qui ne correspondent pas toujours aux mouvements oculaires.

« Je ne me sens pas bien dans cette situation. » (Prédicat K accompagné d'un mouvement d'yeux en haut à gauche : V)

Lorsque prédicats et mouvements oculaires ne vont pas de pair, les prédicats indiquent le système de représentation, c'est-à-dire la partie de l'ensemble complexe des processus cognitifs internes dont la personne est le plus consciente. Les mouvements d'yeux indiquent le système conducteur dont elle se sert pour parvenir à cette représentation.

Système conscient et système inconscient

La première distinction que nous avons introduite dans les systèmes de représentation est celle entre système de représentation et système conducteur. La seconde se situe entre système conscient et système inconscient.

Il est fréquent de constater en thérapie qu'une personne est consciente d'un système de représentation alors que le système conducteur qui mène à cette représentation intervient en deçà de son seuil de conscience. La personne n'est alors consciente que d'une partie de son expérience, l'autre partie restant hors de son attention. C'est le cas de cette cliente avec qui nous parlons :

Thérapeute : Et quelles sont les raisons pour lesquelles tu te sens déprimée ?
Cliente : (Silence, yeux V → K) ... si seulement je le savais (yeux V → K)... je me sens abattue, c'est tout ce que je sais.

Cette femme se représente son expérience kinesthésiquement : elle sait qu'elle ne se sent pas bien. Ce dont elle n'est pas consciente, c'est du système visuel qui conduit à ce malaise (probablement l'image d'une situation pénible remémorée ou construite).

Contrairement à d'autres approches, nous ne pensons pas qu'il existe un état tel que l'anxiété »flottante« ou n'importe quelle autre émotion »flottante« . Dans notre pratique, nous avons constaté que l'expérience K douloureuse que vit une personne est toujours précédée d'autres représentations dont elle n'a souvent pas la moindre idée. L'information que l'observation des mouvements oculaires permet d'obtenir est alors d'un grand intérêt pour le thérapeute qui peut ainsi déterminer rapidement le type d'expérience interne que traverse la personne pour perpétuer son problème. L'extrait d'entretien ci-dessous en donne un autre exemple.

C'est le second entretien que Claire a avec Alain. Son objectif : « Exprimer ce que je ressens à mon mari, notamment quand je suis triste. »

C. : Je sens confusément qu'au fond de moi-même, je le ressens comme une faiblesse. C'est toujours pareil, je retrouve le problème : ne pas montrer ses sentiments, surtout quand on est triste.

A. : Et que se passerait-il si tu montrais à ton mari que tu es triste ?

C. : (Yeux haut droite : V^s — visuel souvenir — puis bas gauche : K)... Je ne sais pas. J'aurais l'impression d'être complètement démunie.

A. : C'est-à-dire ?

C. : (Yeux haut droite, puis bas gauche)... Risquer d'être ridicule. En fait, c'est curieux, parce que Jean-Claude est à l'aise avec l'expression des sentiments, et si je lui disais que je suis triste, il en tiendrait compte. J'ai beau me dire (yeux milieu : A) que ce n'est pas logique (yeux haut droite : V^s), ça ne m'empêche pas de me sentir mal dans ces cas-là.

A. : Quelle image as-tu en tête ?

C. :... Je ne sais pas.

A. : (Dirige avec son doigt le mouvement des yeux en haut à droite)... Quelle image vois-tu ?

C. : (Yeux haut droite)... Ah oui, c'est curieux, je pense à ma mère.

A. : Que vois-tu dans cette scène ?

C. : Non, ce n'est pas vraiment une scène.

A. : Une image ?

C. : Oui, une image d'elle. C'est curieux, comme si rien que l'idée... comme si sa simple image agissait comme une espèce de repoussoir dès que je veux montrer ce que je ressens. Comme si c'était la barrière, l'obstacle... ah oui !

A. : Quand tu veux exprimer ce que tu ressens, tu vois cette image de ta mère sans même t'en rendre compte, et alors tu te sens démunie et tu t'arrêtes là.

C. : Ah oui, exactement !

Cet exemple illustre ce qui se passe également dans les approches orientées vers l'insight — le Haha ! de compréhension soudaine — lorsque la personne saisit tout à coup ce qui causait son malaise et le dépasse éventuellement.

Cette orientation, de l'inconscient vers le conscient, n'est qu'un choix parmi d'autres. Nous pensons que l'insight n'est souvent pas nécessaire ni suffisant pour changer, et nous aurions pu situer notre intervention à un niveau inconscient en réorganisant, par exemple, la séquence intrapsychique que traversait Claire pour déboucher sur son malaise (travail sur les stratégies — voir glossaire) sans besoin de prise de conscience.

Dans cet exemple, au cours de la même séance, nous avons poursuivi notre investigation en obtenant des informations sur cette image — une scène du passé où sa mère la ridiculisait parce qu'elle pleurait. Puis nous lui avons demandé, à partir de la position de sécurité où elle se trouve aujourd'hui, de retourner dans cette situation nantie de toutes les ressources qui lui auraient été nécessaires pour mieux s'en sortir, et de transformer cette scène jusqu'à ce qu'elle soit satisfaite (technique de changement d'histoire de vie, voir « Anatomie du changement »).

A partir de cette expérience transformée, nous remontons la chaîne des principales expériences semblables jusqu'au présent. Arrivée là, Claire prend des décisions plus appropriées concernant la possibilité d'exprimer ce qu'elle ressent à son mari.

Notre calibration, avant et après, nous indique un changement qui nous paraît concluant. Nous terminons en lui demandant de s'imaginer dans le futur en train de s'adresser comme elle le veut à son mari. Elle s'y voit bien et détendue.

Lorsqu'une personne vient en thérapie, il est fréquent

d'observer qu'un ou plusieurs de ses systèmes V A K O opèrent comme systèmes conducteurs à un niveau inconscient. Tout ce dont elle est alors consciente, c'est de la partie de son expérience — système de représentation — avec laquelle elle est en contact. C'était le cas de Claire dans notre exemple. C'est aussi celui du jaloux qui l'est sans raisons fondées. Ce qu'il fait vraisemblablement, c'est construire une image de sa partenaire en train de parler ou de vivre une situation d'intimité avec un autre homme, puis à la vue de cette image, il réagit par un sentiment de jalousie ($V^i \rightarrow K^{i-}$). Lorsque ce système conducteur visuel est inconscient, tout ce que sait la personne, c'est qu'elle se sent jalouse sans en comprendre les raisons et, tant que ce système demeure hors de son attention, elle n'a pas le choix des sentiments qu'elle éprouve, puisque ceux-ci sont le résultat de processus qui lui échappent. (« J'ai beau me raisonner, ça ne change rien. »)

Ce problème interne peut se doubler de complications relationnelles dès lors que le jaloux accueille son conjoint comme si les images qu'il a construites dans la journée étaient la réalité.

Ces processus sont fréquents. On les retrouve en action dans les cas de dépressions. Toutes les personnes dépressives que nous avons observées se déprimaient elles-mêmes en voyant régulièrement les mêmes images internes, généralement des souvenirs pénibles ou parfois des anticipations catastrophiques, ou en se parlant à elles-mêmes, le tout le plus souvent à leur insu. Elles réagissaient alors à ces images et à ces voix par des sentiments négatifs.

Ces mécanismes sont semblables aux injonctions hypnotiques qui, en opérant à un niveau inconscient, permettent d'induire un état particulier chez un sujet. Le dépressif se plonge lui-même, quels que soient ses motifs, dans cet état de conscience particulier nommé dépression et s'y enfonce jour après jour en générant à un niveau inconscient des images ou des dialogues qui l'y maintiennent.

Lorsque nous travaillons avec une personne dans ce cas, avant d'opter pour un certain type d'intervention, nous sommes d'abord attentifs à comprendre concrètement ce que sont les systèmes V A K qu'elle utilise pour créer cet état. Nous repérons les séquences de représentation qu'elle traverse ainsi que les portions de ces séquences qui sont conscientes ou non. Nous observons également avec soin les comportements macro et micro connexes à ces représentations internes. Lorsque nous sommes en possession de ces informations, nous pouvons alors choisir la stratégie d'intervention la plus intéressante.

Comme moyens de détection des systèmes de représentation, nous avons présenté jusqu'ici les prédicats et les mouvements oculaires; ils sont en effet faciles à enseigner. Toutefois, il faut noter que ce ne sont pas les seuls éléments porteurs d'information. D'autres, tels que les mouvements de tête, les modifications dans la respiration, la tonalité ou le rythme de la voix permettent de dégager des structures semblables.

En prêtant attention aux comportements systématiques et récurrents que les gens adoptent lorsqu'ils communiquent et agissent, nous pouvons découvrir un grand nombre d'indices en rapport avec les représentations internes qu'ils traversent lorsqu'ils s'engagent dans ces activités.

Cette méthode qui consiste à établir des recoupements entre comportements observés et processus internes est l'une des principales procédures de travail de la PNL. Gregory Bateson la formule comme suit :

« Si, à partir d'une perception X, il est possible de faire un rapprochement supérieur au simple hasard à propos d'une chose Y, il y a redondance entre X et Y, et X est un message à propos de Y ou encore Y est une manifestation de X ou X une transformation de Y[7]... »

« Quand un observateur perçoit seulement certaines parties d'une séquence ou d'une configuration de phénomènes, il est très souvent capable de faire certaines suppositions avec une chance supérieure à un simple hasard quant aux parties qu'il ne peut pas percevoir directement, tout comme nous nous doutons qu'un arbre a des racines, par exemple[8]... »

Si l'on considère que chaque approche a sa voie royale pour conduire au changement, pour nous, cette voie est l'observation, et nous pensons qu'il n'existe pas de substitut à la capacité qu'a chacun de voir, d'entendre et de sentir.

A partir de votre sens de l'observation, vous pouvez obtenir rapidement de vos interlocuteurs les informations dont vous avez besoin. Leurs macro et micro-comportements reflètent leurs processus de pensée et vous permettent de comprendre comment ils construisent leur expérience, ainsi que de vérifier l'impact que vos interventions sur eux.

En outre, vos facultés d'observation vous aideront à ajuster votre style de communication en fonction de vos interlocuteurs, dans le but de créer et maintenir le contact que vous recherchez avec eux.

5
La communication réactive

Je ne comprends vraiment ce que j'ai voulu dire que lorsqu'on m'a répondu.
NORBERT WIENER

A défaut d'être ce que nous faisons le mieux, communiquer est ce que nous faisons le plus souvent. Nous vivons dans l'univers de la communication comme le poisson vit dans l'eau; comme lui, nous y sommes immergés en permanence.

Dès que deux ou plusieurs personnes sont en présence, elles communiquent verbalement et/ou non verbalement et — la pragmatique de la communication nous l'enseigne[9] — *on ne peut pas ne pas communiquer.* Discours ou silence, action ou inaction, calme ou agitation, tout comportement a valeur de message. Ces messages verbaux et non verbaux que nous émettons révèlent quelque chose de nous-mêmes et de la façon dont nous vivons la situation dans laquelle nous nous trouvons. Ils sont captés consciemment ou inconsciemment par nos interlocuteurs et exercent une influence sur eux.

C'est la première constatation sur laquelle reposent les techniques de communication de la PNL : nous communiquons beaucoup plus de choses que nous n'en sommes conscients. De même, dans tout échange, nous captons plus d'informations que nous ne nous en rendons compte. C'est ce niveau inconscient de la communication qui influe de manière déterminante sur le tour que peut prendre un échange.

Si communiquer consiste à transmettre un message d'un récepteur vers un récepteur, c'est aussi beaucoup plus. Dans les faits, lorsque nous communiquons, nous exerçons nécessairement une influence sur l'expérience de l'autre personne.

La simple description de nos dernières vacances va vous amener à construire un ensemble de représentations nécessaires pour vous faire une idée de ce dont nous parlons. Non verbalement, par notre ton de voix, nos gestes et les expressions de notre visage, nous allons également vous faire parvenir des informations concernant l'intérêt que présentaient ces vacances. Nous influençons alors votre expérience intérieure, qui n'est plus celle que vous viviez quelques instants auparavant. Si nous utilisons un langage largement sensoriel pour vous décrire le bleu de la mer et du ciel, la clarté et la température de l'eau, les poissons multicolores, les palmiers et la douceur du vent, peut-être même nous donnerons-vous l'envie d'aller passer vos prochaines vacances là-bas aussi, à moins que nous ne suscitions au contraire une attitude opposée si vous n'aimez pas la mer, mais dans l'un et dans l'autre cas, nous aurons provoqué une réaction chez vous, quelle qu'elle soit. Par réaction, nous entendons n'importe quelle réponse verbale ou non verbale (macro ou micro-comportements).

Dans le processus de la communication, tous ces indicateurs sont autant de réponses comportementales ou physiologiques qui nous signalent que nous agissons sur l'expérience interne d'une personne. Que l'influence que nous avons les uns sur les autres soit voulue ou non est secondaire par rapport au fait qu'elle est bel et bien réelle, et nous considérons que d'un point de vue pragmatique, communiquer et influencer sont pratiquement synonymes.

Nous ne pouvons pas ne pas communiquer, simplement parce que nous sommes vivants. Le tout est de savoir comment nous le faisons et à quelle fin.

L'utilisation du feedback

C'est à partir de notre sens de l'observation que nous pouvons évaluer l'influence que nous exerçons sur nos interlocuteurs.

Marc et Jean-Jacques sont deux collègues de travail. Marc, qui est plus âgé que Jean-Jacques, entre dans le bureau de celui-ci et lui sourit. Le visage souriant de son collègue stimule automatiquement chez Jean-Jacques une image de son père; l'allure générale et la moustache de Marc ne sont pas sans rappeler son père à Jean-Jacques. Quand celui-ci était enfant, les rares sourires de son père étaient de mauvais augure, car presque invariablement suivis d'une série de critiques; cette image est donc associée pour lui à plusieurs sensations et sentiments déplaisants : tension musculaire, méfiance, colère. En réaction au sourire de Marc, il serre très légèrement les mâchoires, plisse les yeux et bloque sa respiration pendant quelques secondes.

Professionnel de la communication ou non, chacun a déjà pu constater l'écart fréquent entre l'intention d'une personne lorsqu'elle communique et la façon dont son message est reçu. Cette constatation a donné lieu à de nombreuses théories psychologiques et pédagogiques qui déterminent le rôle et la responsabilité de chacun dans ce processus, incluant éventuellement l'idée que, si la personne n'a pas réagi comme elle était supposée le faire, c'est qu'elle n'était pas prête à entendre, qu'elle était résistante ou tout simplement incapable de comprendre.

Dans l'optique de la PNL, avant tout pratique et fonctionnelle, la responsabilité de se faire comprendre incombe à l'émetteur, à plus forte raison si c'est sa profession, et l'attitude de base en la matière est que la *signification d'un message est donnée par la réponse qu'il suscite. Ce n'est pas l'intention qui compte, aussi bonne soit-elle, mais la réaction obtenue, seul critère d'évaluation probant.* C'est la réponse verbale et non verbale de notre interlocuteur qui nous éclaire sur l'impact réel que notre façon de communiquer a sur lui.

Dans le cas de Marc, si son intention était de paraître amical et de mettre Jean-Jacques à l'aise, son but n'est pas atteint. Il

LE NIVEAU INCONSCIENT DE LA COMMUNICATION EST DETERMINANT

1 Perception
2 Recherche visuelle interne : image de figure parentale
3 Passage de V à K (synesthésie)
4 Associations K
5 Ces associations modifient le tonus musculaire (léger retrait physique, tension mâchoires et haut du corps). Jean-Jacques reste silencieux.

dispose alors de deux possibilités : ne pas tenir compte du feedback non verbal que lui fournit la réaction de Marc — à supposer qu'il l'ait perçue — et continuer à faire « plus de la même chose », dans ce cas sourire davantage, ou tenir compte de ses réactions pour varier son attitude par ajustements successifs, jusqu'à être en phase avec son collègue. C'est ce que nous appelons la communication réactive.

Rencontrer la personne dans son modèle du monde

Un des éléments souvent cités comme nécessaires à toute bonne communication est la confiance mutuelle. Par exemple, un client qui désire acheter un objet de valeur ne le fera que s'il estime pouvoir faire confiance au vendeur; ce dernier, lui aussi, a besoin d'être sûr que le client est solvable. C'est également vrai de la personne qui entreprend une démarche d'évolution personnelle. Elle est souvent aux prises avec un certain nombre de peurs et d'inquiétudes, et avant qu'elle ne se décide à parler de ce qui lui tient à cœur, elle désire être assurée qu'elle a fait le bon choix, que la personne qu'elle vient consulter l'acceptera et la comprendra.

Si nous nous plaçons du point de vue du thérapeute, il ne s'agit pas pour lui d'aimer son client, de le trouver sympathique, ni même d'être en empathie avec lui. La sympathie est souvent considérée à tort comme le signe que le contact est établi. En fait, *créer le rapport, c'est rencontrer la personne dans son modèle du monde, sur son propre terrain.* C'est lui montrer qu'on l'accepte telle qu'elle est et établir un climat d'ouverture et de confiance. Néanmoins, si la confiance réciproque est reconnue comme la condition sine qua non de toute communication efficace, il reste que la manière de la susciter et de la maintenir est généralement passée sous silence.

La croyance la plus répandue est que le « courant » passe ou ne passe pas entre deux personnes en fonction des diverses composantes de leur personnalité. Bien que ce soit en partie exact, et que l'expérience d'un bon contact avec quelqu'un puisse provenir d'une conjonction fortuite de différents traits de personnalité, il faut souligner qu'il existe des moyens spécifiques de créer le contact, qu'ils peuvent être décrits précisément et qu'ils permettent à tout un chacun de communiquer de façon satisfaisante avec la personne de son choix.

La synchronisation

Application de la notion de communication réactive, la synchronisation est le processus par lequel on peut établir et maintenir le contact avec une personne, à la fois au niveau conscient et au niveau inconscient. Elle peut être non verbale ou verbale.

La synchronisation non verbale

Nous avons vu précédemment qu'il était possible de choisir nos prédicats (verbes, adverbes, noms, adjectifs...) dans le même système de représentation que celui de notre interlocuteur.

En fait, si une partie de la communication est véhiculée par des mots, l'information communiquée non verbalement est aussi importante, sinon plus. « Je suis très content de vous voir », prononcé du bout des lèvres, les sourcils froncés, a peu de chances d'être entendu comme une chaleureuse manifestation d'accueil en dépit des mots eux-mêmes.

La PNL tient largement compte de cette dimension non verbale et propose plusieurs moyens de rencontrer un interlocuteur sur son propre terrain sans pour autant avoir recours à la parole.

• *La synchronisation non verbale directe :* L'un de ces moyens consiste à synchroniser son comportement sur le comportement analogique du partenaire, c'est-à-dire sur tout ce qui n'est pas verbal : gestes, respiration, posture du corps, tonus musculaire, expression du visage, ton et rythme de la voix, etc.

Lorsqu'on observe deux ou plusieurs personnes dans un lieu public, un restaurant ou un café, on peut aisément savoir qui est en contact avec qui en regardant les attitudes corporelles de chacun. Si elles sont très dissemblables, on peut supposer que le rapport n'est pas très bon. Par contre, des postures, des attitudes, des expressions similaires seront la manifestation d'une synchronisation inconsciente des partenaires.

Ce que nous faisons inconsciemment, nous pouvons apprendre à le faire consciemment.

Cependant, synchroniser ne signifie pas pour autant singer, et il est important d'agir avec discrétion et respect de l'autre afin de ne pas faire maladroitement irruption dans son champ de conscience. Il ne s'agit donc pas d'imiter les comportements les plus évidents (ou macro-comportements) dans lesquels la personne s'engage et qui sont généralement conscients — par exemple arpenter la pièce ou pianoter sur le bras de son fauteuil —, mais d'observer et de se synchroniser sur les comportements qui échappent à son attention (ou micro-comportements) tels que postures, clignements de paupières ou rythme respiratoire.

Tous ces comportements (micro et macro) sont caractéristiques d'une personne donnée, de son système nerveux et de son expérience du monde. C'est pour cette raison que la synchronisation a pour effet d'établir un contact puissant. Elle permet de refléter l'expérience de l'autre, de le reconnaître tel qu'il est. Nous pouvons ainsi créer une affinité inconsciente plus efficacement et plus rapidement qu'en laissant au hasard le soin d'établir un bon contact.

Cette façon d'entrer en relation est en fait une communication au cerveau droit de l'autre (voir encadré ci-contre). L'hémisphère droit est celui qui permet à chacun de nous de sentir intuitivement si le « courant passe » avec quelqu'un.

Il est inutile de se synchroniser sur un grand nombre de paramètres pour obtenir ce résultat. Apparier les prédicats, adopter une posture corporelle sensiblement analogue, le même rythme respiratoire et/ou le même ton de voix peut être largement suffisant. C'est là un exemple parmi d'autres. Les possibilités de synchronisation sont aussi diverses que notre sens de l'observation le permet.

Pendant de nombreuses années, les psychologues et les pédagogues ont cru que l'imitation était seulement pour l'enfant une manière d'apprendre le comportement des adultes ou des autres enfants. On sait aujourd'hui qu'elle joue aussi un rôle essentiel dans la création et l'entretien du lien émotionnel à autrui[9]. La mère qui nourrit son enfant et qui ouvre la bouche en

LES DEUX CERVEAUX

De nombreux travaux ont été effectués ces vingt dernières années sur la spécialisation des hémisphères cérébraux (H. Sperry, H. Gordon, M. Gazzaniga). Il en ressort que chaque hémisphère possède son propre mode de fonctionnement ainsi que ses domaines de compétence.

L'hémisphère gauche est la plupart du temps, chez les droitiers, l'hémisphère dominant (les hémisphères cérébraux sont contre-latéralisés, c'est-à-dire que le gauche contrôle la partie droite du corps et inversement). Il a pour principale fonction de traduire les perceptions en représentations logiques, sémantiques et phonétiques. C'est l'hémisphère de la pensée linéaire, du langage, de l'écriture et de l'arithmétique et, de façon générale, de la communication digitale.

Ses fonctions correspondent à peu près à ce que la psychanalyse nomme les processus secondaires.

L'hémisphère droit est d'un fonctionnement bien différent. Il est spécialisé dans la perception globale des situations. C'est lui qui est en œuvre lorsque nous sommes capables de saisir immédiatement un modèle ou une totalité complexe, autrement dit c'est le siège de l'intuition. Cet hémisphère est aussi le principal lieu de l'expérience sensorielle et émotionnelle. Dans la communication, c'est le radar que nous utilisons pour cerner intuitivement nos interlocuteurs. Son fonctionnement est principalement inconscient.

Il a parfois été qualifié de silencieux car sa capacité linguistique est archaïque et limitée. Bien que son langage ne soit pas celui de son « frère », dont il n'a pas la compétence grammaticale, syntaxique ni sémantique, il possède le sien propre, qui est éloigné de la logique de l'hémisphère gauche, et repose plutôt sur les associations de sons, les ambiguïtés et les jeux de mots, la confusion entre sens littéral et sens métaphorique, les raccourcis de type « coq à l'âne » et autres déductions illogiques.

Les deux hémisphères sont bien moins différenciés dans l'enfance qu'à l'âge adulte, et les premiers modes de pensée auxquels accède l'enfant sont ceux du cerveau droit, le cerveau gauche ne devenant pleinement opérationnel que plus tard. Les fondations du modèle du monde d'une personne sont donc vraisemblablement rassemblées dans cet hémisphère : ses premières perceptions de ce qui l'entoure, ses conclusions sur sa valeur et ce qu'elle peut attendre de la vie, prises sur la base de modes de pensée irrationnels et d'une compréhension limitée du langage, sont le fait de cet hémisphère et y demeurent chez l'adulte. C'est aussi dans cet hémisphère que se trouvent les apprentissages qui, lorsqu'ils ont été suffisamment renforcés, deviennent automatiques et y sont stockés sous forme d'informations de routine. Dans notre cadre de pensée, inconscient et cerveau droit sont pratiquement synonymes.

Cognitivement, l'hémisphère droit est également mieux armé en ce qui concerne la perception de l'espace et le sens musical. C'est un spécialiste de la communication analogique. Les fonctions qui le caractérisent équivalent à ce que la psychanalyse appelle les processus primaires. Là où l'hémisphère gauche saura distinguer un arbre après l'autre sans pour autant voir la forêt, l'hémisphère droit verra la forêt sans voir l'arbre.

Dans un fonctionnement mental optimum, ces deux hémisphères communiquent entre eux et fonctionnent en collaboration. Cette connection est assurée anatomiquement par le corps calleux qui relie les deux.

même temps que lui ne lui apprend pas seulement comment se nourrir, elle lui communique avant tout qu'elle est avec lui. Le processus n'est d'ailleurs pas à sens unique. Parfois, lorsque nous examinons l'interaction entre la mère et le bébé, il est difficile de déterminer lequel imite l'autre.

Il est probable que si la synchronisation est efficace, c'est parce qu'elle fait appel à de tels modes d'adaptation archaïques et automatiques.

La synchronisation sur les mouvements peut se faire soit en reprenant la même latéralisation — par exemple reproduire avec sa main droite ce que fait la main droite de l'autre — ou en reflet; dans ce cas, l'intervenant renvoie en miroir ce que fait son partenaire.

- *La synchronisation non verbale croisée :* Il convient bien entendu de varier les techniques en fonction de la situation. L'effet produit n'étant pas à sens unique, nous vous déconseillons de respirer au même rythme qu'un asthmatique ou de vous synchroniser sur une posture effondrée ou des tics nerveux (tout au moins pendant un temps trop long).

Dans des cas comme ceux-ci, nous pratiquons la synchronisation croisée, qui est indirecte. Nous pouvons ainsi synchroniser nos clignements de paupières sur la respiration de notre interlocuteur, ou encore ponctuer ses hochements de tête d'un mouvement du doigt ou de la main. Dans ces exemples, la synchronisation se fait dans le même système (K). Mais, nous pouvons aussi croiser les systèmes de représentation en parlant (A) au rythme de la respiration de l'autre (K).

La synchronisation verbale

Il est également possible de créer une synchronisation sur le discours. Elle peut être réalisée au niveau de la forme qu'il prend ainsi qu'au niveau du contenu, c'est-à-dire des idées émises par la personne.

- *La forme du discours :* Chacun d'entre nous a sa propre façon de s'exprimer. Les phrases que nous employons ont certaines caractéristiques repérables. Elles peuvent être courtes et elliptiques ou longues avec de nombreuses parenthèses, nous pouvons faire un usage excessif ou limité des adjectifs. Certaines personnes insèrent des mots ou des expressions toutes faites qui viennent émailler leur discours : « tu vois », « tu sais », « c'est clair », « super », etc.

Synchroniser son discours sur celui de son partenaire, c'est utiliser une structure de phrase et des expressions similaires aux siennes. Ceci inclut la synchronisation des prédicats, qui est elle aussi un ajustement sur la forme verbale de la communication.

L'exemple ci-dessous montre ce que peut donner, à l'extrême, une synchronisation basée uniquement sur la forme du discours.

Dans un hôpital où Erickson travaillait, il y avait un homme qui avait été amené là neuf ans plus tôt par la police. Nul ne connaissait son identité et on ne pouvait obtenir de lui aucune information cohérente. Il s'exprimait uniquement dans une « salade de mots », c'est-à-dire en une suite de vocables dépourvus de sens, dans un ordre étrange. Erickson demanda à sa secrétaire d'enregistrer et de transcrire ce discours inhabituel. Il prépara alors une salade de mots qui présentait la même structure et les mêmes caractéristiques que celle du patient sans pour autant la répéter textuellement. Il l'apprit ensuite par cœur, et lorsque l'homme répliqua à son bonjour avec sa salade habituelle, il lui répondit dans son propre langage. L'homme rétorqua, utilisant toujours sa salade, et Erickson le suivit sur son terrain. Quelques semaines plus tard, à l'issue d'une de ces « discussions » qui, ce jour-là, dura deux heures, le patient demanda : « Pourquoi ne dites-vous pas des choses sensées, Docteur Erickson ? » Par la suite, l'homme continua à parler avec Erickson, tantôt dans son langage habituel (la salade) auquel Erickson répondait dans le même registre, tantôt de façon plus intelligible. Peu à peu, il utilisa la salade de moins en moins souvent. Au bout d'un an, il quitta l'hôpital et trouva du travail sans avoir reçu d'autre aide thérapeutique que quelques « conversations » synchronisées avec Erickson.

Dans le quotidien, nous nous synchronisons souvent sur la forme du discours de notre interlocuteur sans même en avoir clairement conscience. On ne s'adresse pas de la même manière à l'un de ses pairs, à un enfant de six ans ou à son supérieur hiérarchique.

• *Le contenu du discours :* Au cours de notre histoire, chacun d'entre nous a l'occasion de former sur lui-même, les autres et le monde qui l'entoure un ensemble de croyances. Parfois elles sont exprimées directement : « Je suis un optimiste », « Je suis trop grosse », « La vie n'est pas une partie de plaisir », « Il vaut mieux se méfier des femmes (des Asiatiques, des garagistes, etc.) ». Parfois, elles apparaissent implicitement : une femme qui demande à une amie combien elle doit donner d'argent de poche à son fils croit :

1. Qu'il faut donner une certaine somme.
2. Que son amie est plus qualifiée qu'elle pour en déterminer le montant.

Ces convictions, exprimées directement ou indirectement, reflètent le modèle du monde de la personne, et elle y est souvent très attachée. Elle se montrerait donc probablement méfiante face à quelqu'un qui les mettrait manifestement en cause.

Vous avez sans doute déjà constaté à quel point il peut être inutile de vouloir détromper quelqu'un qui se croit laid ou maladroit en lui affirmant le contraire, aussi convaincant que vous puissiez être. Confronter directement le modèle du monde de quelqu'un en lui affirmant que les choses ne sont pas telles qu'il le croit ne conduit le plus souvent qu'à renforcer l'intéressé dans l'idée que son interlocuteur ne le comprend pas, même s'il apprécie par ailleurs les efforts faits pour le rassurer.

Il est donc préférable d'accepter le système de croyances d'une personne, même si le but final est de le modifier, et ceci chaque fois que ce procédé ne présente pas d'inconvénient majeur. Lorsque nous pensons que ce n'est pas approprié, nous nous synchronisons uniquement sur la forme du discours, tout en poursuivant la synchronisation non verbale. Cette synchronisation peut souvent se faire rapidement :

Client : Je me traîne de psychiatre en psychiatre depuis des années et je peux vous dire que je m'en méfie maintenant. En plus, j'en suis toujours au même point. Je commence à le connaître ce monde-là.

Thérapeute : Et je suis sûr que vous en auriez long à dire si nous devions poursuivre sur ce sujet.

Client : Ah ça c'est sûr, je pourrais y passer la journée !

Thérapeute : Si nous parlions maintenant de la raison pour laquelle vous êtes venu me voir... »

Le communicateur qui utilise ces diverses méthodes de synchronisation se transforme d'une certaine façon en une machine de bio-feedback sophistiquée. Il établit avec son interlocuteur une boucle dans laquelle il capte puis reflète les éléments analogiques présentés par celui-ci, ce qu'illustre le schéma ci-dessous. Tout l'art de la synchronisation consiste à détecter les éléments dont la personne n'est pas consciente et à lui renvoyer discrètement en miroir.

Cette dynamique est présente dans toute conversation, qu'on s'en rende compte ou non. La personne qui, à la fin d'un entretien, se sent fatiguée, vidée, s'est sans doute alignée à son insu sur le faible niveau d'énergie de son partenaire. C'est facile à observer dans l'entretien de face à face ou dans les petits groupes, où lorsqu'un des interlocuteurs se présente dans une posture peu tonique et parle d'une voix faible, les autres s'alignent progressivement sur lui par imitation, et le niveau d'énergie d'ensemble diminue peu à peu pour s'ajuster sur le niveau minimum.

Il est donc intéressant de savoir qui se synchronise sur qui et comment, ne serait-ce que pour ne pas entrer à ses dépens dans le processus.

De même que la synchronisation favorise le rapport entre deux personnes, la désynchronisation peut l'interrompre ou orienter la communication dans un sens différent. Se désynchroniser délibérément peut être utile dans certains cas, par exemple lorsqu'une conversation prend un tour qui ne nous convient pas, pour montrer à notre interlocuteur que nous ne voulons pas le suivre dans cette direction, ou pour lui signifier non verbalement la fin d'un entretien.

LE COMMUNICATEUR ETABLIT
UNE BOUCLE DE FEEDBACK AVEC SON CLIENT

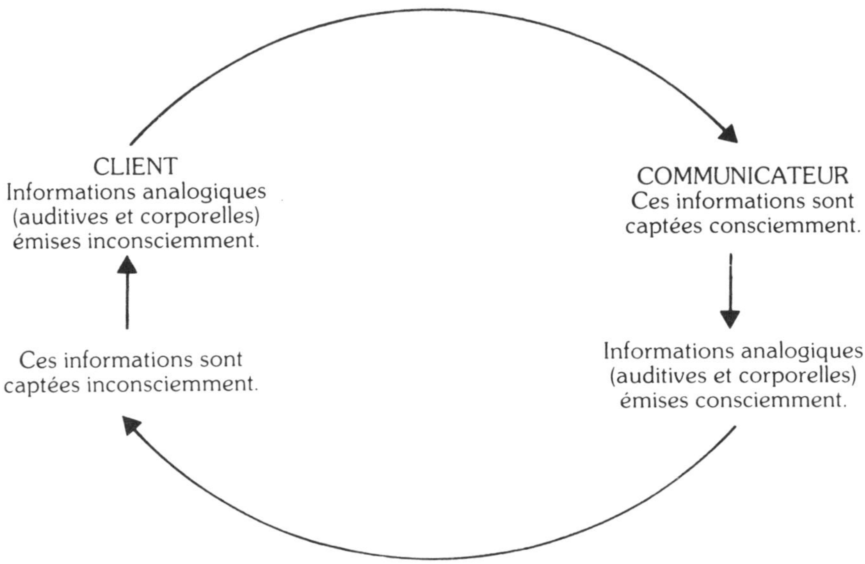

Les différentes formes de synchronisation

LA SYNCHRONISATION NON VERBALE DIRECTE

CORPS ENTIER
Ajustez votre posture sur celle du corps entier de la personne.

MOITIÉ DU CORPS
Adaptez la partie supérieure ou inférieure de votre corps à la posture de votre interlocuteur.

ANGLE TÊTE/ÉPAULE
Reproduisez la position que présentent la tête et les épaules.

EXPRESSION DU VISAGE
Imitez les différentes composantes qui produisent l'expression faciale.

GESTES
Reproduisez avec discrétion certains gestes de l'autre.

MOUVEMENTS RÉPÉTITIFS
Choisissez de reproduire un comportement répétitif, par exemple un clignement de paupières.

RESPIRATION
Ajustez votre respiration de façon à vous synchroniser sur celle de l'autre.

CARACTÉRISTIQUES VOCALES
Reproduisez la tonalité, le rythme, le volume, le registre, le timbre.

LA SYNCHRONISATION NON VERBALE CROISÉE

Utilisez un élément de votre comportement pour suivre un autre élément du comportement de votre interlocuteur : rythme de la voix synchronisé sur rythme de la respiration, clignements d'yeux marqués d'un mouvement du doigt ou d'un léger hochement de tête, etc.

LA SYNCHRONISATION VERBALE

Forme

SYSTÈME DE REPRÉSENTATION
Repérez et utilisez dans votre discours des prédicats choisis dans le même système de représentation.

TOURNURES DE PHRASES
Observez la structure des phrases de votre interlocuteur et construisez les vôtres de façon similaire.

Contenu

EXPRESSIONS CARACTÉRISTIQUES
Utilisez les mêmes.

IDÉES CLÉS
Reprenez les idées importantes émises dans le discours de la personne.

La conduite

Pour savoir si le contact est établi, nous disposons d'un test simple : nous changeons quelque chose dans notre attitude, notre rythme respiratoire, notre ton de voix, et nous observons la réaction de notre interlocuteur. S'il fait la même chose, c'est que nous sommes synchronisés et, si nous le jugeons utile, nous pouvons alors le conduire dans la direction appropriée en prenant progressivement l'initiative de la suite de l'entretien.

Lors d'un atelier que nous organisions, une participante décida de tester ce qu'elle avait appris et se mit dès le premier soir à pratiquer la synchronisation directe non verbale avec un ami qu'elle avait invité à dîner. Pendant une grande partie de la soirée, elle s'appliqua à imiter plusieurs paramètres de son comportement : posture du corps, inclinaison de la tête, mouvements des mains, position des jambes, jusqu'à ce que, fatiguée de cet exercice, elle décide de l'interrompre. Elle posa alors les deux mains sur les accoudoirs de son fauteuil et se leva. A ce moment précis et à sa plus grande surprise, son ami posa lui aussi ses deux mains sur les accoudoirs de son fauteuil et se dressa sur ses jambes, tout comme elle l'avait fait. Elle avait pratiqué la synchronisation et oublié les conséquences... Le lendemain, elle partageait avec nous le sentiment de panique qu'elle avait éprouvé devant ce pouvoir étrange qu'elle ne se connaissait pas.

L'exemple suivant illustre lui aussi la puissance de cette technique. Un confrère américain, praticien de PNL, fut nommé dans un hôpital où un jeune schizophrène catatonique[10] passait ses journées immobile et muet, prostré dans un fauteuil. Généralement, personne ne le dérangeait. Ce confrère entra dans la salle où il se trouvait, s'installa dans un fauteuil voisin et commença à respirer au même rythme que le jeune homme sans lui manifester par ailleurs la moindre attention. Bien entendu, celui-ci l'ignora totalement. Au bout d'un moment, le médecin bondit de son fauteuil. Le jeune homme bondit également comme poussé par un ressort, le regarda avec fureur et lui cria : « Ne faites plus jamais ça ! » Il était sorti de sa prostration, il avait parlé à quelqu'un, il s'était même mis en colère.

Une fois que le contact a été établi, il est possible de conduire la personne vers d'autres expériences. Cette séquence répétitive, synchroniser/conduire, se retrouve dans le travail de tous les grands thérapeutes observés par Grinder et Bandler, et particulièrement chez Erickson.

Ce savoir-faire ne s'observe pas que chez eux. Le comportement de cinquante commerciaux aux résultats performants — agents immobiliers, vendeurs en bourse, vendeurs d'assurances et d'automobiles de luxe — a été étudié dans le cadre d'une thèse de doctorat en psychologie portant sur l'efficacité des techniques de vente. Il en ressort que les meilleurs vendeurs sont ceux qui créent un cadre de confiance en s'adaptant à chaque client et en exerçant une influence sur son mode de pensée et d'expression. Le bon vendeur « calque le ton de sa voix, son volume sonore, sa cadence et son débit sur ceux de son client, ainsi que ses attitudes, ses gestes et ses humeurs. Il adopte la manière caractéristique de s'exprimer de son interlocuteur ». L'auteur ajoute que, lorsque ce vendeur rencontre une objection, il l'accepte d'abord comme allant de soi, puis il trouve un moyen de la retourner progressivement en argument de vente. Enfin, après avoir créé le climat de confiance, les meilleurs vendeurs commencent alors à présenter leurs suggestions et à poser des jalons pour convaincre leur client.[11]

Dans un premier temps, avec la synchronisation, nous montrons à la personne que nous la reconnaissons telle qu'elle est, et que nous avons compris l'état présent dans lequel elle se trouve. Dans un second temps, et à partir du climat de confiance auquel nous sommes parvenus, nous pouvons la conduire vers le but à atteindre.

On peut ici faire un parallèle avec la danse : lorsque nous apprenons un nouveau pas avec un partenaire, nous commençons d'abord par le suivre. Lorsque nous avons saisi sa manière de procéder, et seulement à ce moment-là, nous pouvons mener la danse.

Susciter une attitude

Un médecin traditionnel chinois à qui l'on demandait ce qu'était sa méthode de traitement de la dépression répondit :

« Tout d'abord, je marche sur les pieds de mon client.

— Mais ça doit le mettre en colère !

— Bien entendu. Et alors, je traite la colère, ce qui est plus facile à soigner que la dépression. »

Susciter une attitude repose sur l'aptitude qu'a le communicateur à ajuster son propre comportement afin d'obtenir l'impact qu'il souhaite sur ses interlocuteurs. Plus son répertoire comportemental est large, plus il est à même d'entraîner des réactions variées de la part de son entourage. Nous obtenons des autres ce que nous avons su stimuler chez eux. Nous ne savons pas si cette affirmation est vraie, nous disons seulement que la personne qui l'adopte comme principe de communication est plus efficace dans ses interventions. Les communicateurs de talent que nous avons rencontrés étaient tous également des comédiens accomplis — dans le meilleur sens du terme — capables de passer aisément d'un type d'expression à un autre.

Il existe quantité de possibilités pour susciter une réaction. Elles sont fonction de notre créativité. Un bon moyen de conduire une personne vers un état particulier peut consister à lui en faire soi-même la démonstration et faire jouer les mécanismes d'imitation. C'est ainsi que pour provoquer par exemple de l'enthousiasme, on doit d'abord en faire preuve soi-même.

EXPÉRIENCE : SUSCITER UNE ATTITUDE

• En repensant aux deux derniers jours écoulés, quelles attitudes avez-vous suscitées chez les principales personnes avec qui vous étiez en contact ? Souvenez-vous que ce n'est pas l'intention que vous aviez qui compte ici, mais ce qui s'est réellement produit.
Etes-vous satisfait de cet impact que vous avez eu sur elles ? Pensez-vous que votre répertoire comportemental est suffisamment varié ? Qu'auriez-vous envie d'y ajouter ?

• Comment faites-vous pour favoriser une expérience d'enthousiasme, de confiance en soi, d'intérêt, de surprise, d'expression d'une émotion, etc. ?
Quelles sont les caractéristiques des principaux paramètres

comportementaux que vous adoptez (posture, expressions du visage, ton de voix, respiration, etc.) ?
L'utilisation de la vidéo ou d'une simple glace peut vous être utile pour cette expérience.

Le fondu-enchaîné

C'est le procédé qui consiste à aider une personne à passer successivement du système qu'elle utilise le plus à ceux qu'elle n'utilise pas, pour la faire accéder à une expérience complète incluant la vue, l'ouïe, les sensations, et éventuellement l'odorat et le goût.

Certaines personnes emploient leur système dominant de façon extensive et sont peu conscientes des autres systèmes de représentation. Dans la mesure où nous stockons notre expérience dans nos divers systèmes, réintroduire le plus possible de distinctions sensorielles contribue à élargir notre tableau de la réalité et parvenir à davantage d'informations et de ressources.

Ce procédé peut être mis en œuvre dans différentes techniques. Si nous utilisons une technique de rêve éveillé, nous demanderons à notre client de se remémorer une situation en ayant recours à des prédicats choisis dans le système qu'il emploie :

> *« Je vois que tu as un souvenir vif de cette promenade et je te propose d'imaginer que tu t'arrêtes devant un de ces arbres que tu as admirés. Regarde sa silhouette, la forme et la couleur du tronc et du feuillage, le découpage des branches et le balancement des feuilles. »*

A ce moment-là, nous pouvons exploiter la transition naturelle que nous fournit la description des feuilles agitées par le vent et poursuivre dans un autre système :

> *« Et tout en regardant les feuilles qui bougent, tu peux entendre le bruit du vent et peut-être le chant des oiseaux. »*

Le vent fournit une transition facile vers les systèmes kinesthésique et olfactif :

« Et tout en écoutant cela, tu peux aussi sentir le vent sur ton visage... et respirer l'odeur des plantes qui t'entourent. »

En procédant ainsi, nous aidons la personne à enrichir sa vision du monde en accédant à des représentations sensorielles plus diversifiées. Le fondu-enchaîné est une méthode utile lorsque nous constatons que les éléments qui permettraient à un individu de débloquer une situation sont stockés dans le système qu'il utilise le moins.

Bertrand a vingt-cinq ans. C'est son premier entretien. Il explique à Alain qu'il a pris la décision de se suicider, et que s'il vient là, c'est uniquement pour mieux comprendre les relations qu'il entretenait avec certaines personnes pour être « au clair » avec elles avant de mourir.

Son système de représentation principal est visuel, et Alain constate l'absence complète de registre kinesthésique; Bertrand s'en est dissocié.

Alain : Comment vois-tu ton suicide ?

Bertrand : Oh, c'est simple, je vais prendre un rasoir et tac (montre chacun de ses poignets) et tac (montre l'intérieur de ses cuisses).

A. : Et après ?

B. : Je serai mort (yeux accèdent à représentation visuelle).

A. : Non. Qu'est-ce qui se passe une fois que tu t'es coupé les veines ?

B. : Je me vois, je suis allongé sur mon lit.

A. : Décris-moi la situation.

B. : Je suis allongé sur mon lit, sur mon dessus de lit blanc. J'ai les bras en croix et je vois mon sang qui coule.

Bertrand continue un moment avec une description d'images esthétisantes d'où les sensations et les émotions sont exclues. Il raconte cette situation comme s'il la percevait de l'extérieur, comme il décrirait un tableau, ce qui lui permet de garder à distance ce qu'il ressent. Repasser dans la situation lui permettrait de se reconnecter avec la dimension kinesthésique de son expérience et à mieux en saisir la réalité. C'est dans cette direction que le conduit Alain en utilisant le fondu-enchaîné.

A. : Mets-toi dans cette situation maintenant. Tu es allongé sur ton lit, tu peux voir ce qu'il y a autour de toi, tu peux voir aussi ton sang qui coule, et tu le sens couler également. Qu'est-ce que tu ressens ?

B. : Je sens qu'il coule... C'est poisseux sur le couvre-lit (son visage pâlit).

A. : Tu sens que c'est poisseux.

B. : Oui, ça continue à couler et puis je vois que je suis faible.

A. : Ressens cette faiblesse.

B. : (Silence)... J'ai de plus en plus froid... J'ai peur.

A ce point, Bertrand éclate en sanglots.

A. : (Après un instant)... Tu avais accumulé beaucoup de chagrin.

Bertrand commence à parler des difficultés qu'il a vécues ces dernières années et c'est le début d'un travail qu'il terminera par une décision de vivre et la définition de buts positifs pour le futur.

Résistance et réaction polaire

Le travail sur les résistances tient une place variable dans la plupart des approches thérapeutiques. Pour notre part, nous y consacrons peu de temps, car en restant synchronisés sur nos clients, nous évitons de la susciter.

La résistance, c'est d'abord un mot, et plus précisément — d'un point de vue linguistique — une nominalisation, c'est-à-dire la transformation d'un processus — ce que fait la personne lorsqu'elle « résiste » — en une chose — la résistance. Vu sous cet angle, le mot est l'étiquette linguistique qui désigne un ensemble d'attitudes observables manifestées par un individu en réponse à une intervention du thérapeute.

Dans une situation de résistance, nous nous demandons comment la personne réagit spécifiquement (V, A, K) et en réponse à quoi dans notre comportement. Cette attitude est pour nous l'indication que nous sommes en train de perdre le contact avec la personne et qu'il est temps de réajuster le mode sur lequel nous communiquons avec elle pour parvenir à une meilleure synchronisation.

Plutôt que de décider qu'un client est trop résistant (ou « pas assez motivé », « trop bloqué », « pas prêt », autant d'expressions qui dégagent parfois un subtil parfum de blâme), nous préférons considérer la résistance comme un commentaire sur ce que fait le thérapeute : les moyens qu'il utilise pour créer le contact et établir la relation ne sont pas ceux qui conviennent à ce moment précis, et il doit alors exploiter sa souplesse de fonctionnement et sa créativité pour en trouver d'autres jusqu'à ce qu'il obtienne les réactions recherchées.

De façon générale, nous n'analysons pas la résistance et nous ne la confrontons que rarement. Nous préférons l'intégrer dans notre intervention.

Une attitude que l'on qualifie souvent de comportement résistant consiste à réagir à l'inverse de ce qui est attendu. La PNL l'appelle *réaction polaire.*

Erickson racontait l'anecdote suivante :

Un jour, son père, qui était fermier, essayait en vain de faire entrer un âne dans l'écurie. Il le poussait, le tirait par la longe, rien n'y faisait, l'animal s'entêtait.

Le jeune Milton, âgé alors de sept ou huit ans, observait attentivement la scène. Il proposa à son père de se charger de cette tâche. Ce dernier le regarda en souriant et déclina l'offre. Si lui, avec sa force d'adulte, ne pouvait y parvenir, comment un enfant de son âge l'aurait-il pu ?

Comme la scène se poursuivait sans qu'il obtienne le moindre succès et que Milton réitérait sa proposition avec insistance, Erickson père finit par accepter.

L'âne se trouvait face à l'écurie dans laquelle il refusait d'entrer. Milton s'approcha de sa queue, l'empoigna et tira de toutes ses forces vers l'arrière. L'animal n'eut aucun mal à résister à cette traction et fonça tout droit dans l'écurie.

Les êtres humains réagissent parfois à la manière de l'âne d'Erickson et donnent à une stimulation une réponse située à l'opposé logique de celle qui est attendue. Certains sont même des spécialistes de ce genre de réaction, et leur entourage les considère comme têtus ou rebelles, leur reprochant d'avoir l'esprit de contradiction et de prendre le contrepied de ce qui leur est demandé. Les parents qui ont des enfants de deux ou trois ans, ou qui se souviennent de ce stade de leur développement savent bien de quoi nous voulons parler.

En fait, le comportement qui consiste à se conformer à ce que l'autre veut, et celui qui consiste à prendre systématiquement le contrepied de la demande sont très similaires. Dans les deux cas la personne répond en fonction de ce que l'autre attend, et ce de façon prévisible. Tout se passe comme si elle n'avait pas le choix.

Connaître le phénomène de réponse polaire et le type de stimulus qui la déclenche permet de communiquer avec la personne concernée aussi aisément qu'avec une autre. Ainsi, on pourra demander à un jeune opposant de ne manger ses légumes (qu'il n'aime pas beaucoup) que lorsqu'il aura terminé entièrement son repas, ou affirmer à un client qui présente le même type de problématique qu'il lui sera sans doute très difficile, voire impossible, de faire ce que nous désirons obtenir de lui.

En résumé, les comportements — macro et micro —, les façons de s'exprimer et de penser, les convictions sur la vie sont autant d'éléments qui reflètent le modèle du monde d'une personne. En nous synchronisant sur les diverses composantes de ce modèle, nous ne nous contentons pas de dire à la personne que nous l'avons comprise, nous lui en faisons la démonstration verbalement et non verbalement.

L'intérêt de cette façon particulière d'entrer en relation avec quelqu'un est à double sens : en faisant de la communication « sur mesure », nous procurons à notre interlocuteur le sentiment d'être compris, mais nous augmentons aussi les chances de nous faire comprendre, et de pouvoir ainsi faire passer plus facilement ce que nous communiquons.

Nous croyons que c'est à l'intervenant de s'adapter à son interlocuteur et non le contraire, et que, selon l'expression de Watzlawick, « il doit savoir se faire caméléon plutôt que rocher de Gibraltar ».

6
L'ancrage

Et dès que j'eus reconnu le goût du morceau de madeleine trempé dans le tilleul que me donnait ma tante, aussitôt la vieille maison grise sur la rue, où était sa chambre, vint comme un décor de théâtre.

MARCEL PROUST

L'ancrage figure parmi les principaux concepts de la PNL. Une ancre peut être définie comme tout stimulus qui provoque un schéma constant de réponse chez une personne.

Un phénomène naturel

Il s'agit d'un phénomène universel. Au cours de notre histoire, nous accumulons un grand nombre d'expériences que nous pouvons nous remémorer par la suite. Elles sont constituées d'images, de sons, parfois d'une odeur ou d'un goût spécifiques, ainsi que de certaines sensations. Lorsque nous sommes en contact aujourd'hui avec l'un des paramètres sensoriels qui composent l'expérience passée ou avec l'étiquette linguistique associée (le mot), l'expérience entière est susceptible d'émerger. La madeleine était une ancre pour Proust.

Les ancres potentielles sont en nombre infini. Une chanson pourra représenter pour certains couples une ancre auditive; en l'écoutant, ils revivront les sentiments tendres qui les habitaient lorsqu'ils l'ont entendue pour la première fois. Pour un enfant, la vue de son père fronçant les sourcils d'une manière particulière (ancre visuelle) pourra être associée à l'idée de punition. Il existe des ancres dans tous les systèmes de représentation : visuel, auditif, olfactif et gustatif. Le langage constitue lui aussi un système d'ancrage extrêmement complexe; le mot est un signe (une ancre) qui renvoie à une signification, et c'est celle-ci qui est reliée chez une personne donnée à une ou des expériences passées et aux quadruplés (< VAKO >) qui la constituent. Le mot « figue » évoque pour Josiane une forme, une couleur, un parfum, un goût, une texture et la sensation de soleil et de bien-être qui lui rappellent d'heureux souvenirs de vacances en Provence lorsqu'elle était enfant.

Utilisation en thérapie

En thérapie, on se sert de l'ancrage pour associer délibérément un stimulus à une expérience déterminée, en partant du postulat que chaque être humain possède généralement les ressources dont il aurait besoin pour effectuer dans sa vie les changements qui lui paraissent souhaitables.

Même si certaines qualités semblent lui faire défaut au moment où elles lui seraient précieuses — être compétente, créative, détendue — une personne se rappelle probablement l'avoir été à des moments bien définis de sa vie. Chacun de ces souvenirs peut être exploité comme une ressource, et une des tâches du thérapeute consiste à les rendre disponibles à volonté au moment opportun.

Tout comme certains stimulus externes, une chanson ou une odeur, sont spontanément liés à des expériences anciennes et les font resurgir, il est possible d'associer volontairement un stimulus à une expérience donnée. Une fois le lien établi, l'expérience peut être déclenchée aussi souvent qu'on le désire au moyen du même stimulus, et servir de ressource.

Le phénomène d'ancrage est bien sûr voisin de la notion « stimulus/réponse » du comportementalisme. Il faut noter toutefois deux différences importantes. D'une part, il n'est pas nécessaire d'ancrer plusieurs fois une expérience pour obtenir une association (bien qu'il soit possible et parfois utile de le faire). Si une ancre est posée au bon moment, elle « prend » en une seule fois. D'autre part, l'association n'a pas besoin d'être renforcée pour durer.

Si l'on insère un stimulus V, A ou K à l'instant précis où une personne est pleinement en contact avec une expérience, ce stimulus sera associé à l'expérience et le restera. Ultérieurement, le même stimulus évoquera la même expérience ainsi que les sentiments ou sensations qui y sont attachés.

En thérapie, le procédé qui consiste à opérer délibérément cette association est appelé ancrage, et le stimulus spécifique une ancre.

Pratiquement, nous demandons à notre client de se remémorer une scène au cours de laquelle il possédait la ressource qui lui manque aujourd'hui, par exemple la confiance en soi. A l'instant où il est en contact avec ce souvenir dans toute sa force, nous ancrons le souvenir et les sentiments positifs qui l'accompagnent, par exemple en touchant son bras ou son épaule (ancre kinesthésique), si ce geste est socialement acceptable dans le contexte dans lequel nous nous trouvons. Dans le cas contraire, nous utilisons une ancre auditive ou visuelle, c'est -à-dire que nous associons le souvenir qui va servir de ressource avec un geste ou un mot que nous pourrons reproduire avec exactitude. Ce procédé nous permettra d'accéder de nouveau à ces ressources par la suite.

Il est très utile de connaître le phénomène de l'ancrage, dans la mesure où il se produit même si nous ignorons tout de son mécanisme et, dans ce cas, il peut aller à l'encontre du but recherché.

C'est ce qui arrive à ce thérapeute qui fait entrer dans son cabinet un homme très soucieux. Il le réconforte en posant chaleureusement la main sur son épaule. A la fin de la séance, le client voit les choses d'un autre œil et se sent beaucoup mieux. Lorsqu'ils se séparent, le thérapeute pose sa main sur... la même épaule. Le client retrouve alors les sensations pénibles qu'il éprouvait une heure auparavant : ses épaules se voûtent, ses traits s'affaissent, et le thérapeute se perd en conjectures sur ce brusque changement d'attitude.

L'efficacité de l'ancrage dépend de plusieurs paramètres. Tout d'abord, il est nécessaire que le sujet ait accès à l'expérience choisie avec suffisamment d'intensité. On peut l'y aider en posant des questions sur le détail des images, des sons, des odeurs, en s'assurant qu'il est dans la scène, ce qui est différent de se voir de l'extérieur en train de vivre la scène. Dans le premier cas, la personne éprouve les sensations liées à l'expérience, tandis que dans le second, elle crée une dissociation qui la coupe de ce qu'elle ressent.

Cette possibilité de dissociation V/K représente par contre un atout précieux lorsqu'il s'agit de revivre un souvenir pénible (comme nous le verrons dans « Anatomie du changement »). Ensuite, il faut ancrer l'expérience au moment où les sentiments sont les plus intenses. Si l'on représente l'intensité de l'expérience que vit la personne par une courbe de Gauss comme ci-dessous, le bon moment pour commencer à ancrer se situe juste avant le sommet, sur le versant ascendant.

Au sommet de cette courbe, il est déjà trop tard, et c'est le quadruplé suivant qui est ancré.

Il existe toutefois une exception à la règle qui consiste à ancrer juste avant le sommet de la courbe. En effet, il peut être utile d'ancrer une sensation pénible, comme la peur par exemple, dans le but d'aider la personne à remonter la chaîne jusqu'à une peur ancienne (voir le traitement des phobies, « Anatomie du changement »). Dans ce cas, nous ancrons dès que la personne entre en contact avec le sentiment au début de la courbe, et non au sommet. Il est inutile de lui faire revivre avec intensité les expériences désagréables.

Il est enfin nécessaire de pouvoir reproduire l'ancre fidèlement. S'il s'agit d'une ancre kinesthésique, l'endroit doit être

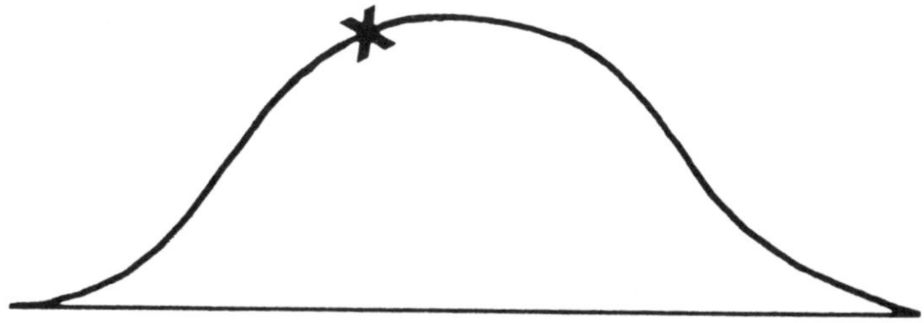

Courbe de Gauss

suffisamment précis pour être retrouvé exactement, et la position de la main ou du doigt ainsi que la pression seront similaires. S'il s'agit d'une ancre visuelle, ou auditive, le geste, le son ou l'inflexion de la voix seront reproduits eux aussi avec le maximum d'exactitude.

Ancrage discret

On peut ancrer ouvertement de façon telle que la personne concernée en soit consciente. Dans ce cas, comme nous le faisons parfois en thérapie, il est même possible d'ajouter une dimension pédagogique à notre travail en expliquant à notre client ce qu'est une ancre, à quoi elle sert, et comment nous allons utiliser ce phénomène avec lui.

Dans d'autres cas, en thérapie ou dans diverses situations d'intervention — en organisation ou lors d'une négociation par exemple — il n'est pas possible ou pas souhaitable de poser une ancre dont notre interlocuteur serait conscient. Nous pouvons alors procéder plus discrètement. La perception consciente est limitée (cf. Miller, le chiffre magique 7 ± 2 p. 54) et, tout comme nous nous synchronisons sur une personne sans qu'elle ne s'en rende compte, nous pouvons ancrer certaines expériences hors de son champ de conscience.

Un des meilleurs moyens consiste à ancrer dans le système de perception — V, A ou K — qu'elle utilise le moins, c'est-à-dire le canal sensoriel dont elle est le moins consciente.

Pour illustrer ce type de travail, dans nos groupes de travail nous faisons parfois la démonstration suivante. Nous demandons à une personne de penser à différentes situations de sa vie dans lesquelles elle a oublié quelque chose. Pour l'aider, nous lui posons des questions comme : « Veux-tu penser à une situation dans laquelle tu avais oublié le nom de quelqu'un ? Comment était cette expérience ? » ou « Pense un moment à une situation où tu avais quelque chose d'important à dire, et tu l'avais sur le bout de la langue, mais tu n'étais plus capable de le retrouver. Réexpérimente une situation comme celle-ci maintenant. »

Nous observons alors les indicateurs externes — coloration du visage, tonus musculaire, respiration et autres — qui, lorsqu'ils changent, nous montrent que la personne est en contact avec l'expérience « d'oubli ». A ce point, l'un de nous l'ancre discrètement par un raclement de gorge — une ancre auditive externe à laquelle la plupart des gens ne prêtent pas attention. Puis nous posons une question simple à cette personne : « Quel est le prénom de ta grand-mère ? » ou « Quel est ton numéro de téléphone ? » ou encore « Que venons-nous de dire juste avant ? » Dès que la question est posée, l'un de nous tousse de nouveau.

Lorsqu'ils commentent ce qui s'est passé, la plupart des sujets de cette démonstration nous disent qu'ils ont expérimenté une difficulté inhabituelle pour retrouver la réponse, pourtant facile. Il est même arrivé à l'une des personnes qui, sans le savoir, était le sujet de cette démonstration, de ne pas réussir à retrouver la réponse tant que l'un de nous continuait de se racler la gorge.

Ce type d'ancrage peut se faire de bien des manières, par une position ou un mouvement particulier du corps, une façon de regarder la personne ou une modification du ton de voix, pour en citer quelques-unes.

EXPÉRIENCE D'AUTO-ANCRAGE

Il est possible de créer pour soi-même une association entre un stimulus (une ancre) et un état désirable.

Nous vous proposons de faire l'expérience suivante, qui a pour but d'ancrer un état « branché externe ».

1. Observez votre environnement et soyez attentif successivement aux différentes informations qui vous parviennent.

   a) Visuel : regardez autour de vous, l'ensemble et aussi les détails, observez les formes, les couleurs, les mouvements.

   b) Auditif : écoutez les sons, leur intensité, leur rythme, localisez leur origine. Ecoutez le bruit de votre respiration.

   c) Kinesthésique : prenez conscience de la température de l'air, palpez les objets qui vous entourent, appréciez leur forme, leur texture, et leur consistance. Portez également votre attention sur votre musculature : êtes-vous détendu, contracté ? A quel endroit ? Ressentez le contact de vos pieds sur le sol et le poids de votre corps sur votre siège.

d) Olfactif/gustatif : respirez l'odeur de l'air et des objets qui vous entourent en faisant des distinctions : fortes ou subtiles, sucrées, aigres, etc. Avez-vous un goût particulier dans la bouche ?

2. Recommencez l'expérience une deuxième fois. Serrez le poing de la main gauche et accédez successivement à chacun des différents systèmes. Commencez par regarder, serrez d'autant plus votre poing que vous êtes davantage en contact avec ce que vous voyez.
Faites la même chose avec les autres systèmes. Assurez-vous que vous êtes entièrement branché sur l'extérieur, sans image ou dialogue interne. Plus vous voyez, sentez, entendez ce qui vous entoure, plus vous serrez le poing.

3. Prenez maintenant contact avec le maximum d'informations dans ces différents canaux en même temps. Regardez, écoutez, sentez, respirez et goûtez ce qui vous entoure. Lorsque vous êtes branché simultanément sur les quatre systèmes, serrez le poing d'autant plus fermement que vous entrez davantage dans l'expérience.

4. Répétez ce processus plusieurs fois (jusqu'à ce que le test ci-dessous soit concluant).

5. Testez votre ancre : lorsque vous serrez le poing gauche, votre attention est-elle dirigée automatiquement vers les stimulus externes sans que vous ayez à le faire consciemment ?

Vous pouvez utiliser la même technique pour ancrer n'importe quel état interne, par exemple la relaxation ou la confiance en soi, etc., soit au moment où vous êtes en contact avec cette expérience, soit en vous la remémorant. Dans ce dernier cas, soyez attentif à évoquer la scène de façon détaillée et vivante dans tous les systèmes de représentation.

Applications

Nous avons vu précédemment que l'ancrage pouvait être utilisé délibérément pour créer une association entre un stimulus et une expérience interne.

En thérapie, on se sert de cette technique pour aider une personne à ajouter de nouveaux programmes à son répertoire comportemental. En effet, si tout être humain possède les ressources nécessaires pour faire face aux diverses situations de son existence, il ne sait pas toujours les exploiter au moment ou elles lui seraient le plus utiles.

Avec l'ancrage, nous créons le lien entre un contexte donné et les ressources qui seraient nécessaires dans ce contexte. Ce dernier devient alors le déclencheur de l'état interne souhaité et la réponse intègre les ressources qui faisaient auparavant défaut. L'exemple ci-dessous illustre l'utilisation de l'ancrage pour installer des ressources là où elles manquent.

Corinne a beaucoup de mal à s'endormir le soir, elle se tourne et se retourne dans son lit en repensant aux événements de la journée ou aux problèmes qui l'attendent le lendemain au bureau. Au bout d'un moment elle se sent inquiète à l'idée que, le matin, elle sera fatiguée. Le soir, elle appréhende le moment d'aller se coucher.

Josiane : Si je comprends bien, ce que tu veux, c'est aller te coucher sans appréhension et t'endormir rapidement.

Corinne : Oui, c'est ça.

J. : De quelles ressources internes aurais-tu besoin pour que les choses se passent ainsi ?

C. : Il faudrait que je cesse de me raconter des tas de choses, en fait il faudrait que je mette mes problèmes de côté et que je n'y pense plus.

J. : Est-ce que tu te souviens d'une expérience où tu as laissé tes problèmes de côté et où tu t'es retrouvée avec l'esprit libre de tous soucis ?

C. : Je fais ça en vacances, au bout de quelques jours, je me déconnecte complètement des problèmes du bureau et je profite du moment présent. D'ailleurs, dans ces cas-là, je dors bien.

J. : Très bien ! Souviens-toi d'une période où tu étais en vacances, déconnecte-toi de tes problèmes.

C. : L'été dernier, nous étions en Ardèche, j'en ai un très bon souvenir.

J. : Bon, retourne en Ardèche en imagination et choisis un moment très agréable où tu te sentais décontractée avec l'esprit libre de tous tracas.

Corinne dirige son regard en haut et à droite.

C. :...Oui, je me vois dans le jardin, sur une chaise longue, il fait très bon, je suis bien.

J. : Imagine que le paysage est autour de toi, tu es sur la chaise longue et tu peux observer tout ce qui t'entoure, la végétation, toutes les couleurs, la luminosité, tu peux écouter les bruits qui te parviennent, respirer les parfums. Pendant que tu fais ça, amplifie la sensation de bien-être, de disponibilité et de relaxation.

Corinne ferme les yeux, au fur et à mesure que Josiane parle, les muscles de son visage se détendent, sa respiration s'amplifie, au bout d'un moment, les coins de sa bouche se relèvent légèrement, elle prend une inspiration plus profonde. Au moment de l'expiration, Josiane ancre la ressource sur son poignet (ancre K). C'est cette ancre que va servir à Corinne pour s'endormir rapidement le soir. Il reste à installer la ressource dans le contexte approprié.

J. : Maintenant, trouve quelque chose que tu fais toujours au moment d'aller te coucher, un comportement qui se répète tous les soirs et imagine-toi en train de le faire. Quand tu sera prête, fais-moi un signe.

Corinne réfléchit puis ferme les yeux, au bout d'un moment elle hoche la tête. Josiane stimule l'ancre en touchant son poignet.

Le comportement répétitif dont il est par ailleurs inutile de connaître la nature est maintenant devenu un stimulus pour déclencher l'état désiré permettant à Corinne de trouver facilement le sommeil.

Il reste à tester le travail en lui demandant de s'imaginer dans l'avenir au moment d'aller se coucher. Cette fois-ci, l'ancre n'est pas stimulée.

Corinne fait l'expérience. Lorsqu'elle a terminé, elle raconte qu'elle s'est sentie détendue et prête à s'endormir sans problème.

Demander à la personne de raconter ce qui se passe au cours du test n'est pas nécessaire. En effet, la calibration montre sans équivoque si elle se trouve ou non dans l'état souhaité et le risque qu'elle se dise satisfaite pour faire plaisir ou pour s'illusionner elle-même est ainsi évité. Dans le cas où la calibration et le récit ne concordent pas, nous nous fions à la calibration. Quand le test n'est pas concluant, la personne a probablement besoin de davantage de ressources pour arriver à l'état recherché. Il est alors tout à fait possible d'empiler une autre ressource sur la première et ainsi de suite jusqu'à obtention du résultat.

Le thérapeute peut avoir également recours à l'ancrage dans le but de créer une « partie » utile à la personne.

Nous pouvons, par exemple, construire avec elle une « partie créative » qui aura pour fonction de générer des options nouvelles.

Si nous lui demandons d'accéder à plusieurs expériences où elle s'est montrée particulièrement créative dans le passé, et si nous ancrons auditivement ces expériences en prononçant les mots « partie créative » avec un certain ton de voix — toujours le même —, ce label va constituer une ancre lui permettant d'entrer en contact avec les différentes expériences qu'elle a évoquées. Lorsque nous l'inviterons à utiliser sa « partie créative », cette nominalisation la renverra à plusieurs expériences de référence. Par la suite, cette partie constituera une ressource pour créer des solutions et des comportements nouveaux.

L'ancrage, phénomène naturel que chacun de nous peut expérimenter quotidiennement, a fait l'objet de multiples applications en thérapie, parmi lesquelles l'installation de ressources dans un contexte approprié, la création de « parties » utiles, l'accès automatique à des expériences anciennes à des fins diverses. Il est à l'origine de plusieurs techniques de changement en PNL dont nous présentons quelques-unes dans « Anatomie du changement ».

Influencer avec intégrité

Les techniques introduites dans cette partie du livre posent inévitablement la question de l'influence et de la manipulation.

Avec l'apport de la psychanalyse et plus généralement des thérapies à orientation psycho-dynamique, ainsi qu'avec celui du courant non directif fondé par Carl Rogers, l'idée commune qui a prévalu jusqu'à la fin des années soixante était qu'un thérapeute n'a pas à planifier son intervention et doit bien se garder d'influencer son client. C'est à celui-ci de prendre l'initiative de ce qui se passe au cours de l'entretien. Le clinicien est là simplement pour écouter et, en fonction de son orientation théorique, pour interpréter ou renvoyer en miroir ce qu'il entend. De ce point de vue, tout ce qui consiste à établir des buts, à se centrer sur un problème, à induire un certain type de communication ou à intervenir délibérément dans la vie de la personne est considéré comme manipulateur et banni.

Si nous partageons le souci du respect de l'autre sur lequel repose cette attitude, nous devons bien constater que dès que l'on quitte le niveau des idéologies pour observer ce que font vraiment les thérapeutes dans leur travail, les praticiens d'orientation psychanalytique ou non directive influencent tout autant leurs clients que les autres. Pour citer Watzlawick : « D'expérience, nous nous attendons à être accusés de "manipulation" et d'"insincérité" pour notre façon tant pratique que conceptuelle d'aborder les problèmes humains. La sincérité est devenue depuis peu un slogan qui n'est pas dépourvu d'hypocrisie et qu'on associe confusément à l'idée qu'il existe une vue "juste" du monde, en général sa propre vue. Cette notion de sincérité semble aussi laisser entendre que la "manipulation" est non seulement répréhensible, mais évitable. Malheureusement, personne n'a jamais pu expliquer comment s'y prendre pour l'éviter. On imagine mal un comportement quel qu'il soit, face à une autre personne, qui ne serait pas une communication sur la manière dont on voit sa relation à cette autre personne, et par conséquent une influence sur elle. L'analyste qui reste silencieusement assis derrière son patient allongé ou le thérapeute "non directif" qui "ne fait que" répéter les paroles de son patient exercent une influence colossale du seul fait de cette attitude, d'autant plus qu'on la définit comme n'en exerçant aucune. Le problème n'est donc pas d'éviter l'influence et la manipulation, mais de les comprendre mieux et de les utiliser dans l'intérêt du patient[12]. »

La reformulation, par exemple, qui est la technique de base de l'intervention non directive — reformuler consiste à redire en d'autres termes et d'une manière plus concise ou plus explicite ce qu'un client vient d'exprimer de façon que celui-ci se sente compris — est le type même de l'intervention de synchronisation. Elle permet d'exercer un contrôle sur la qualité de l'information échangée et de créer une attitude d'ouverture et de confiance. Par l'utilisation de cette technique, le thérapeute exerce une influence délibérée — et positive — sur son client.

Si l'on quitte ce niveau et que l'on considére la dimension non verbale peu prise en compte dans ces approches, les interventions manipulatrices du thérapeute deviennent évidentes. La PNL n'a pas inventé l'ancrage ou la synchronisation, mais a simplement constaté leur présence dans la communication humaine. Qu'on n'en soit pas conscient ne change pas le résultat. L'étude de films ou de documents vidéo permet une analyse intéressante de ces phénomènes.

L'extrait ci-dessous tiré d'un film consacré à Carl Rogers, père du courant non directif, centré sur le client, en donne un exemple. Dans cette séance, Rogers renvoie en feedback à sa cliente une phrase dans laquelle elle doit choisir entre deux possibilités.

Nous appellerons X et Y les deux termes de ce choix. Résumée, l'interaction se déroule comme suit :

Rogers : Je comprends que vous avez cette solution X (tend la main droite)... et que vous avez aussi cette solution Y (tend la main gauche)... maintenant je ne sais pas laquelle vous choisirez (tend la main gauche), mais je suis sûr (tend à nouveau la main gauche) que ce sera le meilleur choix pour vous.

La suite du film nous montre la cliente opter pour la solution Y (celle que Rogers a ancrée à plusieurs reprises avec le geste de sa main gauche). La dernière ancre étant de plus associée à une présupposition (« Je suis sûr que ce sera le meilleur choix... »), cette décision n'est pas surprenante.

Dans cet exemple, Rogers n'avait sans doute pas l'intention consciente d'exercer une influence sur sa cliente. Elle s'est exercée très vraisemblablement à l'insu des deux protagonistes.

Il vaut mieux ne pas nier l'indéniable, à savoir que, dès que nous communiquons, nous nous influençons les uns les autres.

Dans les faits, communication et influence sont pratiquement synonymes, la communication étant l'ensemble des éléments verbaux et non verbaux qu'utilise consciemment et inconsciemment une personne pour agir sur l'expérience de ses interlocuteurs.

Dès lors, pour nous, la question n'est pas de savoir s'il est bon ou non d'influencer nos clients, mais de savoir quelle influence exercer sur eux et dans quel but.

7
Le langage

Les mots tombent comme une pluie sans fin dans une tasse en papier. Ils glissent en passant et s'écoulent à travers l'univers.
JOHN LENNON ET PAUL MCCARTNEY

Entre un et deux ans, alors que le développement de son cerveau lui ouvre de nouvelles possibilités, l'enfant commence à acquérir l'usage d'un extraordinaire système de représentation et de communication : le langage. Il l'utilisera toute sa vie de deux façons :

« Interne », pour se représenter son expérience; c'est ce que nous appelons penser, raisonner, tenir un dialogue intérieur;

« Externe », pour communiquer avec les autres; c'est ce que nous appelons parler, chanter, écrire.

Caractéristiques du langage

Le mot n'est pas la chose nommée

L'apprentissage du langage consiste principalement pour un enfant à associer des étiquettes linguistiques — des mots et des phrases — à des expériences sensorielles — ce qu'il voit, entend, ressent, goûte et respire.

Il apprend que les deux grandes personnes qui s'occupent de lui répondent aux noms de maman et papa, que ce qui se trouve au milieu de la pièce, c'est une table et que ce qui tombe dehors et qu'il observe derrière la fenêtre se nomme pluie.

S'il était anglais, les mêmes personnes ou les mêmes choses seraient désignées par d'autres étiquettes : maman et papa deviendraient « mummy » et « daddy », ce qui tombe dehors s'appellerait « rain ».

Le langage est un ensemble de signes/de symboles arbitraires avec lesquels nous codifions notre expérience, et les mots ne tirent leur signification que de l'expérience sensorielle (< VAKO >) à laquelle ils renvoient. Le langage est certainement l'un des systèmes d'ancrage les plus élaborés que nous connaissions : chaque mot est une ancre associée à des expériences sensorielles, et c'est cette association qui donne au mot sa signification.

Si vous n'aviez jamais vu de neige, réellement ou dans un livre, et si l'on ne vous en avait jamais parlé pour vous dire ce que c'est, le mot « neige » n'aurait pas grand sens pour vous.

Comme le remarque Grégory Bateson, le mot table n'a rien de particulièrement « tabuliforme » ni le chiffre 5 rien de particulièrement « quinquiforme ».

C'est là la première caractéristique du langage : le mot et la phrase ne sont pas la chose nommée, et ils n'ont de signification qu'en fonction du quadruplé ou de l'ensemble de quadruplés auxquels ils renvoient.

Pour cette raison, nous nommons l'expérience sensorielle expérience primaire et le langage expérience secondaire.

Expérience secondaire → Le langage
↕
Expérience primaire → L'expérience sensorielle

La différenciation entre expérience primaire et expérience secondaire nous intéresse surtout pour les raisons pratiques qui la fondent :

- □ Pour aussi curieux que cela soit, la plupart des gens ne semblent pas faire cette distinction entre la carte (le langage) et le territoire qu'elle représente (l'expérience) et sont souvent coincés dans leur vie pour avoir confondu les deux.

Lorsqu'une personne vient trouver un thérapeute, bien souvent, la présentation verbale de son problème ou des ressources qu'elle désire trouver est si vague et si éloignée de son expérience qu'elle n'a pas d'idée précise sur ce qu'elle vit ou sur ce qu'elle veut changer. Telle personne dira qu'elle a besoin de confiance en soi. « Confiance » est une représentation linguistique d'un état interne qu'elle souhaite acquérir, mais qui peut recouvrir des significations variées d'un individu à l'autre. Pour l'un, avoir confiance en soi, c'est éprouver des sensations corporelles spécifiques, pour un autre, c'est avoir une certaine image de soi-même. Pour un troisième, c'est encore autre chose, et nous ne pouvons pas savoir exactement de quoi il s'agit tant que nous n'avons pas aidé la personne à recoller son discours avec son expérience.

Nous connaissons pratiquement autant d'expériences désignées par la même étiquette « dépression » que nous avons vu de personnes venues nous consulter parce qu'elles se sentaient dépressives.

- □ Le langage et l'expérience appartiennent à des niveaux logiques différents : alors que chaque paramètre d'un quadruplé (< VAKO >) peut être traduit par un mot ou une phrase, le contraire n'est pas vrai. C'est l'un des intérêts du langage : il peut représenter les expériences vécues dans n'importe quel système sensoriel. Avec les mots, on peut parler de ce qu'on voit, entend, ressent ou goûte, ou conduire une personne dans l'exploration de chacun de ces systèmes.

- □ Le langage, système digital, permet d'exprimer la négation, ce qui n'est pas possible dans un système analogique. Au royaume de l'expérience sensorielle, la négation n'existe pas : l'expérience n'a pas de contraire. Essayez par exemple, maintenant, de ne pas penser à une voiture, ou encore imaginez un éléphant qui ne soit pas en train de courir après une souris. Ce n'est pas possible. Dans les deux cas, vous avez sans doute dû, ne serait-ce qu'une fraction de seconde, d'abord créer la représentation de la situation, puis trouver un moyen de figurer sa négation (peut-être simplement en laissant chacune de ces scènes disparaître de votre imagination, ou dans l'exemple de l'éléphant, en figeant l'image, en mettant une croix sur la souris en utilisant n'importe quel autre moyen).

Pour envisager une négation, dans un système analogique, nous devons d'abord nous représenter la situation en question, ensuite en figurer la négation d'une façon ou d'une autre. En sachant cela, on comprend mieux l'effet que peut avoir sur une personne une tentative de la rassurer comme : « Mais non, n'aie pas peur, ce chien n'est pas méchant, il ne va pas te mordre ».

La formulation positive d'une suggestion ou d'une directive ne correspond donc pas seulement à une vision optimiste des choses. Elle aide surtout la personne à construire pour elle-même une représentation qui lui sera utile plutôt qu'une qui risque d'induire un comportement opposé. « Tiens ton verre bien droit » est généralement plus efficace que « ne renverse pas ton verre ».

□ Une autre raison pour laquelle nous distinguons le langage — expérience secondaire — de l'expérience sensorielle — expérience primaire — est que notre capacité à expérimenter le monde à partir de nos sens nous est donnée à la naissance, alors que nous ne sommes en mesure d'acquérir le langage que plus tard; ce qui a des implications en thérapie, notamment pour les praticiens qui s'intéressent à la mise à jour d'expériences archaïques datant d'avant l'acquisition du langage.

Le langage est structuré

Nous venons d'examiner la première caractéristique du langage, à savoir que le mot et la phrase ne sont pas la chose nommée : le mot « chien » ne mord pas.

Sa seconde caractéristique est qu'il est structuré.

Vous pouvez comprendre la phrase : « La caractéristique du

langage est qu'il est structuré. » Si nous vous présentons maintenant les mêmes mots dans un autre ordre : « Structuré langage du est est qu'il la caractéristique », le message devient incohérent.

Il existe un certain nombre de règles qui régissent la syntaxe d'une phrase et permettent d'en assurer l'intelligibilité.

Toute personne dont le français est la langue natale peut former intuitivement des phrases compréhensibles dans cette langue, et pour elle, la majeure partie de la production du langage — choix des mots et assemblage en séquences cohérentes — s'opère à un niveau inconscient. De même, si le français est notre langue, nous sommes capables, en lisant ou en écoutant une phrase, de savoir si elle est bien ou mal construite, sans avoir besoin de connaître les règles syntaxiques qui président à l'élaboration de la langue.

Nous utilisons donc inconsciemment certaines règles linguistiques pour organiser notre langage et de même, lorsque cette organisation n'est pas respectée, nous nous en rendons compte intuitivement, comme nous savons respirer même si nous ignorons les mécanismes de la respiration.

L'apport de la grammaire transformationnelle

Plusieurs chercheurs ont consacré leurs travaux à la découverte et à l'explicitation de ces règles et ils en ont fait l'objet de leur discipline, la grammaire générative transformationnelle.

Elle vit le jour au milieu des années cinquante avec les travaux de Noam Chomsky; par la suite, avec l'aide d'autres transformationnalistes, celui-ci mit au point une méthodologie très élaborée et un ensemble de modèles formels qui permettent d'appréhender les structures que nous employons pour générer notre langage. En voici quelques notions de base pour mieux comprendre le méta-modèle de Grinder et Bandler :

- *Structure de surface et structure profonde* : La distinction entre ces deux niveaux de structure constitue l'une des premières idées clés introduites par la grammaire transformationnelle.

  La structure de surface, c'est le mot ou l'ensemble de mots dans leur sonorité (pour le langage parlé) ou dans leur apparence visuelle (pour le langage écrit) — par exemple, les mots imprimés sur cette page que vous avez sous les yeux.

La structure profonde, c'est la signification que prennent ces mots pour vous. En voyant les signes imprimés sur cette page, vous vous engagez dans une activité interne qui vous permet de comprendre ce que vous lisez, autrement dit, vous leur attribuez une signification.

Par exemple, la phrase ci-dessous :

« La voiture a été repeinte »

correspond à la structure de surface. Elle renvoie elle-même à un autre niveau, celui de sa signification, le niveau de la structure profonde, que l'on peut faire figurer comme suit :

PASSE [REPEINDRE (quelqu'un, voiture, avec quelque chose)]

Cette façon de représenter la structure profonde nous permet d'illustrer la compréhension intuitive qu'a chaque personne parlant français quand elle lit ou entend la phrase en question, à savoir :

1. Un événement s'est produit dans le passé.
2. Il s'agit d'un événement qui inclut plusieurs paramètres.
3. Il est constitué des éléments minimums suivants :

a) Un agent : la personne ou machine qui a repeint la voiture.

b) Un objet : la chose repeinte — ici, la voiture.

c) Un instrument : le ou les objets utilisés pour repeindre la voiture — ici, « quelque chose ».

- *Dérivation :* Comme on peut le remarquer, tous les éléments contenus dans la structure profonde n'apparaissent pas dans la structure de surface. Dans notre exemple, l'agent et l'instrument ne sont pas exprimés dans la structure de surface, ce qui n'empêche pourtant pas la personne parlant le français d'accéder à cette information lorsqu'elle lit la phrase.

La phrase : « La voiture a été repeinte » implique nécessairement que, non seulement la voiture a été repeinte, mais que quelqu'un ou quelque chose l'a repeinte et que ce quelqu'un ou ce quelque chose ont utilisé un ou des instruments pour repeindre la voiture (peinture, pinceaux, pistolet à peinture, etc.).

C'est sur les rapports entre la structure de surface et la structure profonde que les linguistes transformationnels ont centré leurs recherches. Ils ont postulé une série d'opérations formelles, appelées transformations, qui permettent d'éclairer les différences spécifiques existant entre les deux ainsi que les mécanismes qui les relient. Le processus entier — l'ensemble des transformations — qui conduisent de la structure profonde à la structure de surface constituent ce qu'on appelle en grammaire transformationnelle une dérivation.

La relation entre surface et structure profonde peut être représentée comme suit :

Structure de surface
↑
Transformation 1
↑
Transformation 2
↑
Transformation 3
↑
Transformation 4
↑
Structure profonde

} Dérivation

Le passage de la structure profonde à la structure de surface s'accompagne presque toujours d'une perte ou d'une distorsion de l'information. A partir de la forme que prend la phrase : « La voiture a été repeinte », la personne qui parle français saura intuitivement que certains éléments manquent dans ce qu'on vient de lui dire, et que de par la construction même de la phrase, ces éléments sont implicites. Si elle le désire, elle peut alors poser des questions précises pour obtenir les renseignements qui n'apparaissent pas dans la structure de surface : Quand a-t-elle été repeinte ? Par qui ? Comment ?

Notons que si la structure profonde est la représentation linguistique complète de ce que communique une personne, cette représentation est elle-même dérivée d'une origine plus riche et plus complète : l'expérience sensorielle sur laquelle elle repose (ce que la personne a vu, entendu, ressenti, goûté...). Nous appelons ce niveau la structure de référence.

Nous reprenons ci-après le schéma précédent en y ajoutant cette extension.

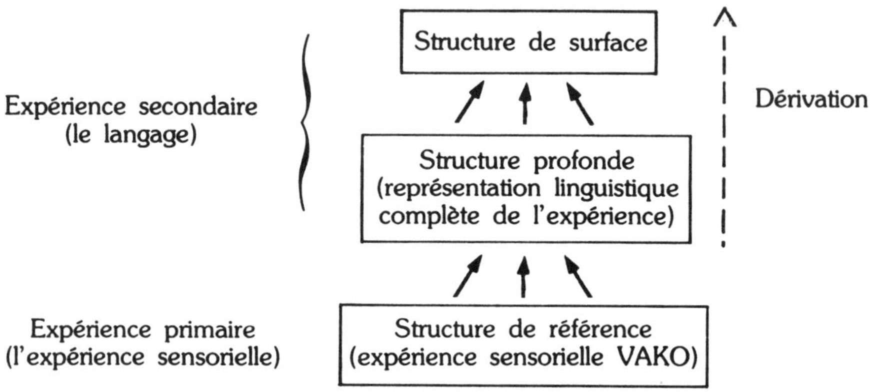

Dans notre schéma, les flèches entre langage et expérience vont dans les deux sens, car si le langage a pour base nos perceptions et notre expérience du monde, dès l'époque où nous commençons à en faire l'acquisition, nos perceptions deviennent en retour largement influencées par celui-ci (voir première partie : « les limitations socio-génétiques »). « Si nous voyons, entendons et éprouvons des sensations comme nous le faisons, c'est parce que les habitudes linguistiques de notre communauté nous prédisposent à certains choix d'interprétation[13]. »

Le méta-modèle

Présentation

Grinder et Bandler ont repris les travaux des transformationnalistes (Grinder, lui-même linguiste, est co-auteur d'un classique américain sur la grammaire générative transformationnelle) et en ont tiré une application pratique[14].

A partir de ce cadre théorique, ils ont étudié la communication verbale telle qu'elle prend place en thérapie et ils ont créé un ensemble d'outils linguistiques, le méta-modèle, qui permet au thérapeute et au communicateur d'être précis dans leur usage du langage. Il offre à son utilisateur, lorsqu'il entend une structure de surface émise par son interlocuteur, la possibilité de reconnaître les transformations auxquelles a procédé la personne pour passer de la structure profonde et de l'expérience < VAKO > à la structure de surface.

En s'attachant à la forme de la phrase et non à son contenu, le méta-modèle permet, dans un premier temps, d'identifier une douzaine de transformations types employées par une personne pour passer de son expérience interne à ce qu'elle communique verbalement. Pour chacune de ces transformations, il propose également un certain nombre de questions spécifiques que l'on peut poser pour :

- □ Retrouver l'information perdue en cours de route.
- □ Déterminer les distorsions que la personne introduit dans son modèle du monde.
- □ Repérer les limitations de ce modèle.
- □ Remettre la personne en contact avec son expérience.

Considérez la phrase suivante :

Client : J'ai peur.

En entendant cette phrase, le thérapeute dispose principalement de trois choix :

- □ Accepter cette information imprécise s'il pense qu'elle lui est suffisante.
- □ Deviner ce que peut être l'expérience de la personne qui vient de parler, autrement dit construire lui-même ce qu'il imagine être la signification du message (il va donc se construire une représentation personnelle de la situation basée sur sa propre expérience de la peur), ce qui peut correspondre ou non à ce que vit son client.
- □ Poser les questions qui vont amener la personne à préciser ce qu'elle ressent.

Faites la différence entre :

Client : J'ai peur.
Thérapeute : Je sais ce que c'est. Ce n'est pas agréable.

Et

Client : J'ai peur.
Thérapeute : De quoi ?
C. : Des gens.
T. : Et de qui précisément ?
C. : Des hommes.
T. : Desquels ?
C. : Eh bien, tout d'abord de mon mari.
T. : En quoi est-ce que votre mari vous fait peur ? Etc.

A partir de la structure de surface que présente son client, le thérapeute aide celui-ci à reconnecter ce qu'il dit avec son expérience, et obtient les informations dont il a besoin.

Le méta-modèle repose sur les intuitions du natif d'une langue lorsqu'il doit évaluer si une phrase est complète et construite de façon satisfaisante ou non. En en dégageant certaines règles sous-jacentes, il permet de systématiser cette intuition et de rendre accessible à volonté l'art de la bonne question, talent généralement attribué auparavant à une expérience clinique ou à des moments d'inspiration.

Nous utilisons notre cerveau pour construire le langage. C'est avec ce même cerveau que nous construisons nos représentations sensorielles V, A, K, O du monde; on retrouvera donc à l'œuvre dans le langage les processus — sélection, généralisation, distorsion — qui façonnent nos autres systèmes de représentation.

Les questions du méta-modèle

La première catégorie concerne les informations manquantes ou suppressions (processus de sélection). Grâce aux questions du méta-modèle, nous pouvons retrouver ce qui a été omis. Par exemple, dans la phrase : « Je suis en colère », on peut se demander après qui ou à propos de quoi.

La seconde catégorie permet de repérer les généralisations qui limitent le modèle du monde de la personne. Celui qui dit :

« Tout le monde me rejette » généralise abusivement, se privant des ressources qu'une appréciation plus juste de la situation l'aiderait à mettre en œuvre.

Enfin, la troisième catégorie regroupe les questions qui mettent en lumière et permettent de pointer les malformations sémantiques qui sont des distorsions du raisonnement.

Par malformation sémantique, on entend des erreurs de raisonnement décelables à partir de la structure de la phrase. Quelqu'un qui affirme : « Il a menti, on ne peut plus lui faire confiance » s'appuie sur les suppositions suivantes :

- Tout le monde partage son point de vue (on ne peut plus...).
- Qui a menti mentira.
- Personne ne peut faire confiance dans aucun domaine à quelqu'un qui a menti.

En fait, l'auteur interprète comme équivalentes les deux propositions de sa phrase et que la personne ait menti prouve qu'on ne peut plus lui faire confiance.

Les différentes généralisations justifient l'erreur de raisonnement qui se retrouve dans la structure de la phrase : X prouve Y.

Chacune des trois catégories de méta-modèle comporte quatre sous-catégories, que nous allons commenter successivement à partir d'exemples concrets.

Première catégorie : les informations manquantes (processus de sélection)

Il s'agit d'obtenir une description précise du contenu du discours tenu par l'interlocuteur en lui posant des questions spécifiques. En faisant cela, on lui permet de retrouver la partie de son expérience qu'il n'exprimait pas.

Dans cette catégorie, nous distinguons quatre types différents de violations : la suppression simple, la suppression de l'index de référence, la suppression du comparatif et les verbes non spécifiques.

1. La suppression simple

Elle est facile à repérer dans la mesure où on peut sentir

intuitivement qu'il manque quelque chose et que, pour être claire, la phrase doit être complétée.

Si quelqu'un dit : « Je suis perplexe » sans préciser davantage, nous pouvons légitimement nous demander ce qui cause sa perplexité. Lui poser la question adéquate nous fournira l'information manquante et l'aidera à clarifier sa pensée : « A propos de quoi es-tu perplexe ? »

Client : Maintenant, je peux faire face.
Thérapeute : A quoi// ou à qui ?

Ou encore

Client : Je suis incapable.
Thérapeute : Vous êtes incapable de quoi ?

2. La suppression de l'index de référence

On parle de suppression de l'index de référence lorsque le sujet (ou le complément) est vague.

« Les autres ne m'écoutent pas. » (Mais qui sont « les autres » ?)
« Il m'a fait ça à moi. » (Mais que lui a-t-il fait ?)
« C'est inutile. » (Mais qu'est-ce qui est inutile ?)

Les questions correspondant à de telles affirmations sont simples :

« Qui ne t'écoute pas ? »
« Que t'a-t-il fait ? »
« Qu'est-ce qui est inutile ? »

3. Suppression du comparatif

Généralement, un comparatif se compose de deux termes : Pierre est plus grand que Paul. Il arrive qu'une personne n'en utilise qu'un, laissant dans l'ombre ce à quoi elle compare le premier terme. Si on le lui demande, on obtient le complément d'information.

Client : Je me sens mieux.
Thérapeute : Mieux que quand/ou mieux que qui/ou mieux que quoi ?
Client : Je me sens mieux que la semaine dernière.

Client : Il est plus intelligent.
Thérapeute : Plus intelligent que qui ?
Client : (Silence)... Eh bien, je crois qu'il est plus intelligent que moi !

4. Les verbes non spécifiques

La personne emploie un verbe vague qui laisse planer le doute sur le sens de sa phrase.

Des verbes comme rejeter, blesser, ignorer, punir, gâter, remédier, etc. sont non spécifiques dans la mesure où il existe de nombreuses façons de blesser, d'ignorer, de punir, etc. La personne a-t-elle été blessée par une parole désagréable, un coup d'œil méprisant ou... un couteau ? Le meilleur moyen d'obtenir le renseignement est de poser la question : »Comment t'a-t-il rejeté, blessé, etc. ? »

Client : La vie n'est plus possible, il me blesse tout le temps.
Thérapeute : Comment te blesse-t-il ?
Client : Il me fait des réflexions désagréables en public, il se montre ironique et méprisant, ce n'est plus supportable !
Client : Je deviens beaucoup plus indépendant vis-à-vis d'elle, mais elle se débrouille pour me punir.
Thérapeute : Comment est-ce qu'elle te punit ?
Client : Oh, elle fait la tête, elle boude, elle ne répond pas...

Deuxième catégorie : les limites dues à la généralisation

Un individu limite son cadre de référence lorsqu'il se coupe des différentes options qu'il pourrait mettre en œuvre dans une situation donnée. La généralisation constitue l'un des moyens de le faire. Nous présentons ici quatre formes que prend prendre ce processus : les nominations, les quantifieurs universels, les opérateurs modaux, l'origine perdue.

1. Les nominalisations ou actions gelées

Nous appelons nominalisations des mots comme amour, respect, confiance, harmonie, etc. Ils sont piégeants en ce sens que d'une part, ce sont des noms, d'autre part, ils représentent une action. Contrairement aux verbes aimer, respecter, faire confiance, harmoniser qui se conjuguent au passé, au présent, au futur ou au conditionnel, donc se transforment et sont limités dans le temps, les noms sont statiques et la situation qu'ils décrivent s'en trouve généralisée et pour ainsi dire gelée. Un processus est changé en une chose, en un événement extérieur et, du même coup, il semble ne plus pouvoir évoluer. Ainsi, dans la phrase : « Il n'y a pas de communication entre nous », le fait de communiquer ou de ne pas communiquer avec quelqu'un est remplacé par « la communication ».

Remplacer la nominalisation par le verbe correspondant aide la personne à réaliser que ce qu'elle considérait comme un événement échappant à son contrôle est en fait un processus continu et qu'il est possible de le modifier. On dégèle ainsi la situation figée en la limitant à un contexte et un moment donnés.

Il est facile de reconnaître une nominalisation : c'est un nom abstrait qui peut être changé en verbe ou en adjectif. C'est ce que nous faisons lorsque quelqu'un parle d'amour, de décision, de rejet, etc.

Client : Je ne vois plus d'amour entre nous.
Thérapeute : A quoi vois-tu qu'il ne t'aime plus ?

Client : Je n'obtiens aucune reconnaissance.
Thérapeute : Comment voudrais-tu être reconnu ?

Client : Il n'y a pas de chaleur dans ce groupe !
Thérapeute : Qui n'est pas chaleureux avec toi ?

Client : C'est une réalisation impossible.
Thérapeute : Que veux-tu réaliser ?

Client : J'ai pris une mauvaise décision.
Thérapeute : De quoi as-tu besoin pour décider autre chose ?

2. Les quantifieurs universels

Les quantifieurs universels sont des termes qui engendrent des généralisations et des exagérations, comme : tous, tout, toujours, aucun, personne, jamais, nul, impossible, définitif, sans remède, etc. : « Personne ne m'aime », « Tout est si difficile », « Rien ne changera plus... »

On peut relever ce type d'affirmations de deux manières.

L'une consiste à exagérer encore davantage, par exemple en insistant sur le mot.

Client : Il ne m'écoute jamais !

Thérapeute : Tu veux dire que jamais de ta vie il ne t'a écoutée, en aucune circonstance ?

L'autre solution est d'aider la personne à trouver une exception, un contre-exemple.

Client : Elle a toujours raison !
Thérapeute : Est-ce que tu te souviens d'une fois où tu as eu raison face à elle ?

Même si la personne ne change pas d'avis sur le champ, elle est alors consciente de l'aspect généralisateur de ses affirmations.

3. Les opérateurs modaux

Il en existe deux catégories : les opérateurs modaux de possibilité et les opérateurs modaux de nécessité.

Ces derniers sont des verbes qui impliquent que la personne doit ou ne doit pas penser, sentir ou agir de telle ou telle façon. Ces affirmations supposent généralement un jugement de valeur et la personne ne remet pas en cause les « nécessités » en question.

« Je dois prendre soin de mon père. »
« Il faut que je réussisse ce concours. »
« Pour une femme, il est nécessaire d'avoir des enfants. »

On peut aider la personne à prendre conscience des limites qu'elle s'impose alors en posant des questions qui lui permettront de retrouver les causes ou l'origine de sa croyance et/ou les conséquences escomptées ou redoutées.

Client : Je ne dois pas montrer que j'ai peur.
Thérapeute : Qu'est-ce qui l'en empêche ?
Client : J'aurais honte de moi !

La question : « Qu'est-ce qui t'en empêche ? » aide la personne à entrer en contact avec la raison pour laquelle elle s'interdit de montrer sa peur (la cause de la croyance).

Nous pouvons aussi demander :

Thérapeute : Que se passerait-il si tu le faisais ?
Client : Je pense qu'on se moquerait de moi.

Le client retrouve alors les conséquences qu'il attend ou qu'il redoute.

Les opérateurs modaux de possibilité sont des méconnaissances en ce sens que la personne se croit incapable de faire certaines choses, ou ne s'y autorise pas.

« Je ne peux pas quitter mon mari. »
« Il est impossible que je refuse ce service à ma mère. »
« Je ne peux pas accepter ce poste, je suis incapable de dire trois mots en public. »

On pointe les opérateurs modaux de possibilité de la même manière que ceux de nécessité.

Client : Ce n'est pas possible de lui dire la vérité, c'est une liaison trop ancienne !
Thérapeute : Qu'est-ce qui t'en empêche ?
Client : J'ai peur qu'elle ne se fâche. (Cause de la croyance).
Thérapeute : Que se passerait-il si tu la lui disais ?
Client : Je crois qu'elle partirait. (Conséquence redoutée)

4. L'origine perdue

On désigne par origine perdue des affirmations dont on ignore la provenance. Ce sont généralement des jugements de valeur dont le sujet est vague.

« C'est ridicule de se mettre en colère. »
« On ne donne pas sa confiance à n'importe qui. »
« De toute façon, quand c'est fini, c'est fini ! »

Nous demandons alors :

« Qui dit que c'est ridicule ? »
« C'est ridicule pour qui ? »
« Qui disait ça ? »

selon les informations que nous voulons obtenir.

Ces questions permettent alors à la personne de se réapproprier la phrase :

« Je trouve que c'est ridicule. »
« Je ne donne pas ma confiance à n'importe qui. »

« Pour moi, quand c'est fini, c'est fini. »

D'autre part, le client retrouve la source de ces convictions :

Client : C'est normal de se dévouer pour les autres.
Thérapeute : Qui disait ça ?
Client : C'est mon père, il était très croyant... Qu'est-ce que j'ai pu l'entendre souvent !

Si nous voulons obtenir de l'information sur la façon dont la personne entre en contact avec cette conviction, nous demandons : « Comment sais-tu que c'est ridicule de se mettre en colère ? »

Nous observons alors les séquences visuelles, auditives ou kinesthésiques qu'elle traverse intérieurement pour penser ce qu'elle pense.

« A l'idée de me mettre en colère, je me sens crispé, je crois que j'ai peur. Je me vois tout rouge et je me dis que je suis complètement ridicule. » (K → V→ A)

Troisième catégorie : les malformations sémantiques

Ce sont des conclusions sémantiquement inexactes dues à des raisonnements erronés.

Le méta-modèle en décrit quatre types : les structures cause-effet, la lecture de pensée, les équivalences complexes et les présuppositions.

1. Cause-effet : X cause Y

Lorsqu'un individu pense que l'action de quelqu'un d'autre peut lui faire éprouver des émotions ou des sentiments bien précis, voire même le forcer à agir dans tel ou tel sens, cette vision erronée de la réalité apparaît bien souvent dans la structure même de sa phrase.

« Elle m'a mis en colère en refusant d'admettre que j'avais raison ! »
« Je suis nerveuse parce que les enfants mettent la maison sens dessus dessous. »

« Cette idée me rend malade. »
« Je suis déprimée parce que mon mari rentre de plus en plus tard. »

Dans tous ces exemples, on peut résumer la structure de la phrase comme suit : X cause Y.

Cette conception des choses a déjà été considérée dans diverses approches thérapeutiques comme un obstacle majeur à l'autonomie. C'est de ce point de vue que l'envisagent notamment la Gestalt et l'analyse transactionnelle, en mettant l'accent sur la responsabilité de chacun vis-à-vis de ses actes, mais aussi de ses pensées et de ses sentiments.

Redresser le cadre de référence de la personne dans ce domaine n'est pas toujours facile, car il s'agit là d'une croyance très répandue que les autres sont responsables de nos états d'âme, voire même de nos comportements. Bien souvent, non seulement la personne s'imagine que la nature de ce qu'elle éprouve est déterminée par l'attitude de l'autre, mais aussi qu'elle n'a pas de contrôle sur l'intensité de ce qu'elle ressent. Sur cette base, elle peut alors conclure que cet état émotionnel la pousse à agir sans pour autant qu'elle soit responsable de ses actes.

« J'étais hors de moi. »
« C'était plus fort que moi. »

Ces mécanismes peuvent parfois conduire à des comportements extrêmes.

« Je l'ai tué parce que je ne pouvais plus supporter de le voir avec cette fille. »
« Bien sûr que je lui ai cassé la gueule, c'est normal, il me regardait, il faut pas se foutre de moi ! »

Pour amener la personne à reprendre ses responsabilités, on peut mettre en question la relation cause-effet.

« En quoi est-ce que le fait que quelqu'un émette une idée te rend malade ? »

On peut aussi l'aider à dissocier les deux termes du raisonnement :

« Est-ce que tu te souviens d'une fois où les enfants avaient mis du désordre et où tu n'étais pas nerveuse ? »

à partir de quoi elle trouvera, le cas échéant, un contre-exemple.

Dans les deux cas, le but de la question est de permettre à l'intéressée de réaliser que, quelle que soit l'attitude de l'autre, et quel que soit le sentiment qu'elle éprouve face à cette attitude, elle est responsable de ses réactions : se mettre en colère, ainsi que de ce qu'elle vit intérieurement : entretenir de sombres pensées et l'état de tristesse qui s'ensuit. Chacun de nous est le propriétaire de ses émotions et de ses comportements.

2. La lecture de pensée

Comme son nom l'indique, la lecture de pensée consiste à deviner ce que l'autre pense ou ressent. C'est le cas de la personne qui imagine qu'elle peut « savoir » sans demander ou sans avoir besoin d'entendre ce que l'autre communique.

« Je sais ce que tu penses/ce que tu veux dire. »
« Je suis sûre qu'il ne m'aime pas. »
« Je sens bien que mes collègues ne me font pas confiance, je préférerais qu'ils me le disent carrément. »

La personne réagit alors en fonction de ses illusions et non de l'information qu'on lui donne.

Bien entendu, la lecture de pensée limite considérabl ement le modèle du monde du lecteur de boule de cristal qui n'est pas conscient de l'aspect projectif de ses affirmations et qui va donc prendre ses convictions pour la réalité et agir en conséquence.

Nous confrontons cette distorsion en demandant :

« Comment sais-tu ce que je pense ? »
« Comment sais-tu qu'il ne t'aime pas ? »

Cliente : Je suis sûre qu'il sait ce que je ressens.
Thérapeute : Comment sais-tu qu'il le sait ?
Client : Je le vois bien à la façon dont il me regarde.

Les questions du méta-modèle à propos de la lecture de pensée débouchent généralement sur une explication de type :

X prouve Y. « Il me regarde de telle manière, donc il sait ce que je ressens. »

Nous appelons cette structure de phrase une équivalence complexe.

3. Les équivalences complexes

Lorsqu'une personne s'exprime sous la forme d'une équivalence complexe, elle interprète deux expériences comme équivalentes au niveau de leur signification. Si l'une est vraie, l'autre aussi, et X prouve Y.

« Elle me regarde de travers, elle me déteste. »
« Il m'a offert des fleurs, je savais bien qu'il m'aimait. »
« Cet enfant a un mauvais fond, il a encore cherché à blesser son petit frère en jetant un cube dans son berceau. »
« Ma mère ne m'a jamais aimé, elle m'a d'ailleurs dit un jour qu'elle ne souhaitait pas avoir d'enfant. »

Le méta-modèle propose deux options pour que la personne parvienne à mettre en lumière l'aspect arbitraire de son raisonnement.

Nous demandons d'une part : en quoi X prouve Y ?

« En quoi est-ce que le fait que ta mère ne souhaitait pas avoir d'enfant prouve qu'elle ne t'a jamais aimé ? »
« En quoi est-ce que le fait qu'elle te regarde de travers prouve qu'elle te déteste ? »

D'autre part, nous aidons l'intéressé à trouver un contre-exemple en lui demandant s'il a déjà connu une expérience antérieure dans laquelle X ne prouvait pas Y.

« Est-ce que tu as déjà rencontré un homme qui offrait des fleurs à une femme sans en être amoureux ? »
« Est-ce que tu as déjà vu un enfant de deux ans jeter un jouet à un autre enfant sans avoir l'intention de lui faire du mal ? »

4. Les présuppositions

Une présupposition est l'élément de la phrase qui n'est pas exprimé, mais qui est implicite et nécessaire pour que celle-ci ait un sens.

« Ma fille a encore fait une fugue »

implique :

- □ *Que la personne a une fille.*
- □ *Que celle-ci a déjà fait au moins une fugue.*

Ces deux postulats sont implicites mais nécessaires.

Dans un cas comme celui-ci, les choses sont claires : l'interlocuteur sait que la personne a une fille et que ce qu'elle dit laisse supposer qu'elle a déjà fait une fugue.

Mais il n'en va pas toujours de même, et il est souvent utile de vérifier que les présuppositions ne recouvrent pas elles-mêmes d'autres violations du méta-modèle. Dans la phrase :

« Si mon mari savait comme je suis malheureuse, il ne se conduirait pas comme ça ! »

les présuppositions sont les suivantes :

1. La personne est mariée.
2. Le mari ne sait pas qu'elle est malheureuse.
3. Le mari se conduit d'une certaine façon.
4. Cette conduite « rend » la personne malheureuse.
5. S'il savait, le mari changerait.

Les présuppositions peuvent ici être pointées en fonction du type de violation qu'elles constituent.

1. Il ne s'agit pas d'une violation : la personne est vraiment mariée.
2. Lecture de pensée : « Comment sais-tu qu'il ne sait pas ? »
3. Index de référence manquant : « Que fait ton mari ? »
4. Cause/effet : « En quoi est-ce que le fait qu'il se conduise ainsi te rend malheureuse ? »
5. Lecture de pensée : « Comment sais-tu qu'il changerait de comportement s'il savait ? »

En procédant ainsi, nous obtenons de l'information sur les éléments implicites de la phrase et nous amenons la personne à prendre conscience des limitations qu'ils représentent.

Pour utiliser le méta-modèle, le praticien a besoin d'être

attentif à la forme que prend la phrase de son interlocuteur pour y repérer la ou les transformations sous-jacentes, puis poser les questions correspondantes. Il obtient alors une nouvelle phrase plus complète qui, si nécessaire, peut elle-même faire l'objet d'une nouvelle question et ainsi de suite, jusqu'au niveau de précision souhaité.

Il est à noter que, dans de nombreux cas, une seule phrase peut contenir plusieurs violations du méta-modèle. Dans une affirmation comme :

« Ma femme ne me parle jamais de rien, il n'y a plus d'espoir pour notre couple »

nous pouvons relever :

- □ Une équivalence complexe : le fait qu'elle ne parle de rien prouve qu'il n'y a plus d'espoir pour le couple.
- □ Une nominalisation : espoir, à remplacer par le verbe espérer.
- □ Des quantifieurs universels : jamais, rien.
- □ Une suppression simple : pas d'espoir à propos de quoi ?

Dans ces conditions, on peut se demander à quoi répondre d'abord.

La règle est d'aller du plus général au plus spécifique.

On pointera donc en premier lieu les malformations sémantiques : cause/effet, lecture de pensée, présuppositions et équivalences complexes qui fournissent un cadre aux autres violations, puisque c'est le raisonnement lui-même qui est erroné. Ainsi, dans l'exemple ci-dessus, nous demanderons d'abord :

« En quoi le fait qu'elle ne parle de rien prouve qu'il n'y a plus d'espoir pour votre couple ? »

Ensuite, on relèvera les généralisations : quantifieurs universels, origine perdue, opérateurs modaux et nominalisations. Ici, nous pouvons demander :

« Qu'est-ce que tu espères ? »

et

« Tu veux dire qu'elle ne t'adresse jamais la parole, sur aucun sujet ? »

En dernier lieu, on s'intéressera aux informations manquantes : suppressions simples, suppressions de l'index de référence ou du comparatif et verbes non spécifiques lorsque la phrase en comporte. Ici, nous n'aurons pas besoin de pointer la suppression simple en demandant :

« Pas d'espoir à propos de quoi ? »

car nous aurons sans doute recueilli cette information en relevant la nominalisation.

Thérapeute : Qu'est-ce que tu espères à propos de votre couple ?
Client : En fait, j'espère qu'elle m'aime encore.

**LE MÉTA-MODÈLE :
ORDRE DE CONFRONTATION DES VIOLATIONS**

1. Les malformations sémantiques

a) Cause/effet
b) Lecture de pensée
c) Equivalences complexes
d) Présuppositions

2. Les limites dues à la généralisation

a) Nominalisations
b) Quantifieurs universels
c) Opérateurs modaux
d) Origine perdue

3. Les informations manquantes

a) Suppression simple
b) Suppression de l'index de référence
c) Suppression du comparatif
d) Verbes non spécifiques

Les questions du méta-modèle sont donc destinées à recueillir auprès du client des informations précises. Lorsque nous nous situons dans l'optique d'un contrôle rigoureux de l'information, nous considérons comme construite de façon acceptable une phrase qui :

- □ Présente une structure grammaticale correcte en français.
- □ Ne comporte pas de suppressions inexplorées dans le domaine où la personne expérimente un problème.
- □ Ne comporte pas de verbes non spécifiques.
- □ Ne comporte pas de nominalisations, c'est-à-dire de processus « chosifiés ».
- □ Ne comporte pas d'autres généralisations inexplorées.
- □ Ne comporte pas de distorsions du raisonnement ou malformations sémantiques inexplorées dans la partie problématique de la personne.

En appliquant ces critères à ce que dit le client (la structure de surface), nous obtenons un cadre explicite pour enrichir son modèle du monde, et ceci indépendamment du contenu de son discours et même de la forme de thérapie choisie.

Toutefois, il faut préciser que cette grille de travail n'est pas applicable systématiquement. D'une part, il existe des situations où l'emploi des généralités et du »flou artistique« peut être préférable (nous développons cette autre méthode d'utilisation du langage dans le second volume, à propos de l'hypnose). D'autre part, nous ne cherchons pas à aboutir à des descriptions exhaustives de la situation en posant des questions à propos de chaque violation.

De manière générale, pour décider de l'emploi du méta-modèle, nous nous basons sur deux critères principaux :

- □ Notre interlocuteur est-il en train de nous parler d'un domaine problématique pour lui ? (Dans le cas contraire, il n'est pas nécessaire de se lancer dans une investigation.)
- □ Qu'avons-nous besoin de savoir et dans quel but ?

Le méta-modèle fut le premier outil créé par Grinder et Bandler, avant qu'ils ne s'intéressent à la dimension non verbale de la communication.

Les indicateurs corporels qu'ils ont mis à jour par la suite permettent souvent de recueillir des informations sans passer par le langage. La personne à qui vous demandez : « Comment savez-vous cela ? » et qui répond : « Je ne sais pas » tout en dirigeant les yeux en bas à droite vient de vous donner non verbalement la réponse. Il n'est pas nécessaire d'obtenir une réponse verbale à chaque question. Vous pouvez utiliser celles fournies par le corps. L'interlocuteur qui vous dit : « Je suis perdu dans cette situation » tout en déplaçant les yeux en haut à gauche vous montre comment il est perdu. Nous vous invitons à ne pas vous centrer uniquement sur la dimension auditive verbale en situation de communication, mais à garder tous vos canaux sensoriels ouverts.

Le rapport avec l'interlocuteur est un autre élément important à considérer pour pondérer l'emploi du méta-modèle. Certaines personnes n'aiment pas les questions, ce qui peut s'observer dans leurs réactions verbales et non verbales.

Si nous nous plaçons maintenant du côté du thérapeute ou du communicateur, la connaissance des quelques transformations types dont nous avons traité constitue pour eux un atout lorsqu'ils doivent s'exprimer avec précision. Parler et poser des questions revient principalement, en présentant une structure de surface, à conduire l'interlocuteur vers une recherche interne qui va lui permettre de donner une signification à ce qu'il entend. Ce processus est appelé recherche transdérivationnelle par les linguistes. La personne qui veut augmenter les chances de se faire comprendre a tout intérêt à opter pour une communication à « haute teneur en information » en tenant compte dans son propre discours des règles qui nous avons exposées précédemment. Elle réduira d'autant la part subjective que peut ajouter l'autre lorsqu'il s'engage dans ses processus internes de compréhension.

LE MÉTA-MODÈLE
Tableau récapitulatif

VIOLATION	REPONSE	EFFET PREVISIBLE
LIMITES DUES AUX SUPPRESSIONS		
□ *Suppression simple* *Je suis en colère.*	*A propos de qui ?* *A propos de quoi ?*	*Retrouve ce qui est supprimé*
□ *Suppression de l'index de référence* *Ils ne m'écoutent pas.* *Cela n'a pas d'importance.*	*Qui ne t'écoute pas ?* *Qu'est-ce qui n'a pas d'importance ?*	*Retrouve l'index de référence*
□ *Suppression du comparatif* *C'est mieux de rester.* *Il est plus intelligent.*	*C'est mieux que quoi ?* *Plus intelligent que qui ?*	*Retrouve l'autre terme de la comparaison.*
□ *Verbes non spécifiques* *Il m'a rejeté.* *Elle m'a éconduit.*	*Comment t'a-t-il rejeté ?* *Comment t'a-t-elle éconduit ?*	*Précise le verbe.*
LIMITES DUES AUX GÉNÉRALISATIONS		
□ *Nominalisations* *La communication est mauvaise entre nous.*	*Qui veut communiquer quoi à qui ?*	*Réalise que c'est un processus. Spécifie le verbe; retrouve les suppressions.*
□ *Quantifieurs universels* *Elle ne m'écoute jamais.*	*Jamais ?* *Que se passerait-il si elle t'écoutait ?*	*Retrouve un contre-exemple.* *Retrouve les résultats attendus ou craints.*
□ *Opérateurs modaux* *Je dois prendre soin d'elle.* *Je ne peux pas lui mentir.*	*Que se passerait-il si tu ne le faisais pas ? Que se passerait-il si tu le faisais ?* *Qu'est-ce qui t'en empêche ?*	*Retrouve le résultat.* *Retrouve la cause.*
□ *Origine perdue* *C'est mal de mentir.*	*Qui disait ça ?* *Mal pour qui ?* *Comment sais-tu que c'est mal ?*	*Retrouve la source de la croyance.* *Retrouve l'origine (moi).* *Retrouve sa stratégie (VAKO).*

LIMITES DUES AUX DISTORTIONS (MALFORMATIONS SEMANTIQUES)

□ *Cause/effet* *Il me rend triste.*	*En quoi est-ce qu'il te rend triste ?* *Est-ce qu'il y a des moments où il ne te rend pas triste ?*	*Retrouve la relation de cause à effet.* *Retrouve un contre-exemple.*
□ *Lecture de pensée* *Il ne m'aime pas.*	*Comment le sais-tu ?*	*Retrouve l'origine de l'information (équivalence complexe).*
□ *Equivalences complexes* *Elle me regarde de travers; elle me déteste.*	*En quoi est-ce que le fait de te regarder ainsi prouve qu'il te déteste ?* *Est-ce que tu as déjà regardé de travers quelqu'un que tu ne détestais pas ?*	*Retrouve l'équivalence complexe.* *Retrouve un contre-exemple.*
□ *Présuppositions* *Si mon mari savait combien je souffre, il ne ferait pas ça.*	*En quoi souffres-tu ?* *Que fait ton mari ?* *Comment sais-tu qu'il ne sait pas ?*	*Spécifie le verbe (souffrir).* *Spécifie ce que fait le mari.* *Retrouve l'équivalence complexe.*

ANATOMIE DU CHANGEMENT

8
Principes pour l'intervention en thérapie

Diviser chacune des difficultés que j'examinerai en autant de parcelles qu'il se pourrait et qu'il serait acquis pour mieux les résoudre.
RENÉ DESCARTES

Le but du praticien de la PNL est d'amener le client à atteindre son objectif. Il a pour tâche de l'aider à le clarifier (si ce n'est pas encore fait) et à le fixer. Il lui appartient de s'assurer que cet objectif est éthique et sans danger pour la personne.

Pour arriver à ce résultat, il lui faudra *établir le rapport avec son client* tout en commençant à *recueillir les informations nécessaires :* d'une part sur les conditions présentes qui ne satisfont pas celui-ci (ce que nous appelons l'état présent), d'autre part sur l'objectif qu'il se fixe et ce qui sera différent pour lui lorsqu'il l'aura atteint (l'état désiré).

Une fois ces informations obtenues, il l'aidera à passer de l'un à l'autre. Dans ce but, il va *mettre en œuvre les techniques d'intervention appropriées.*

Il lui reste ensuite à tester son travail et à transposer le changement effectué dans son cabinet dans le contexte où il sera utile dans le futur. C'est ce que nous appelons *faire un pont avec l'avenir.*

Etablir le rapport

Nous avons décrit précédemment les moyens à utiliser pour y parvenir. Rappelons cependant qu'il est important d'établir le rapport et de le maintenir tout au long du travail sauf, bien entendu, si sa rupture est planifiée dans un but précis.

Pour être plus clairs, nous séparons ici « établir le rapport » d'« obtenir les informations ». En réalité, ces deux étapes sont rarement distinctes dans la mesure où le rapport peut être établi tout en commençant à recueillir les informations.

Obtenir les informations

Pour conduire notre client de l'état présent à l'état désiré, nous avons besoin d'obtenir des renseignements exacts sur l'un et l'autre. A cette fin, nous nous demandons d'abord quels sont ceux qui nous sont nécessaires. Nous pouvons alors sélectionner les questions à poser en utilisant le méta-modèle. Les différents indicateurs non verbaux nous donneront les autres réponses.

L'état présent (EP)

Nous demandons tout d'abord une description de l'EP; celui-ci n'est pas forcément problématique. La personne peut simplement désirer acquérir une compétence qu'elle n'a pas ou faire mieux ce qu'elle sait déjà faire. Nous nous intéressons également au contexte dans lequel l'EP est expérimenté comme une limitation. Enfin, nous vérifions s'il existe des avantages liés à cet état (il y a peut-être des bénéfices secondaires qu'il convient de préserver).

Dans ses applications en thérapie, la PNL n'utilise pas les catégories nosographiques[1] pour établir un diagnostic. Comme les autres cartes, les théories et les catégories sont à double tranchant : aidantes car elles permettent parfois de mieux cerner une situation, limitatives car, une fois que le praticien a collé une étiquette sur son client, il risque fort de ne plus voir que ce qui confirme son diagnostic et d'écarter le reste. C'est ce qu'illustre le propos d'Albert Einstein, selon lequel « c'est la théorie qui décide de ce que nous sommes en mesure d'observer ».

Dans notre pratique, nous n'avons recours à ces catégories qu'à titre d'indication générale, et seulement lorsque nous pensons qu'elles aident à l'élaboration de notre plan d'intervention. Dans tous les cas, nous ne perdons pas de vue que les êtres humains sont toujours plus complexes que les théories qui les décrivent.

L'état désiré (ED)

Dans *Alice au pays des merveilles,* de Lewis Carroll, après avoir erré dans un tunnel mystérieux et traversé une étrange forêt, l'héroïne commence prudemment à explorer son environnement. Son voyage la conduit à un carrefour où des panneaux indicateurs sont orientés dans toutes les directions. Très perplexe, elle avise une chenille géante qui fume tranquillement la pipe, assise dans un arbre : « Excusez-moi, Monsieur, voulez-vous me dire quelle route je dois prendre ? » Sagement, la chenille demande : « Où allez-vous ? » Surprise, Alice répond qu'elle n'en sait rien. « Dans ce cas, rétorque la chenille, n'importe quelle route fera l'affaire. »

En matière de changement, on a plus de chances d'arriver à destination lorsqu'on sait où on va.

Pour qu'une personne puisse atteindre son but, elle a besoin de s'en faire une représentation claire. Nous pensons que *la détermination d'un objectif est la pierre angulaire de toute intervention de conseil et de thérapie.* En PNL, un objectif clair répond aux critères suivants :

a) *Il est décrit en termes positifs.*

Comme nous l'avons déjà vu, la négation n'existe pas au royaume de l'expérience. Il est donc contre-indiqué de se fixer pour but de « ne pas se sentir anxieux » ou de « cesser de se dévaloriser ». De plus, une telle formulation ne dit pas ce que le client mettra à la place, c'est-à-dire vers quelle expérience il veut se diriger. Nous demandons donc : « Qu'est-ce que tu voudrais ressentir plutôt que d'être anxieux ? » ou « Que te dirais-tu si tu cessais de t'adresser des propos dévalorisants ? » Le but formulé positivement peut être : « Je veux être calme et sûr de moi devant mon patron » ou « Je veux me faire confiance quand je prends une décision », etc.

b) Le client saura qu'il est parvenu à son but et aura des moyens d'évaluation.

C'est seulement s'il y a un changement décelable et évaluable que nous considérons que le but a été atteint. La vérification est faite de deux façons différentes :

- Dans le contexte du cabinet thérapeutique : « Qu'est-ce qui nous montrera à vous et à moi que vous avez atteint le but que vous vous fixiez ? »
- Dans la vie de la personne : « A quoi saurez-vous que vous avez atteint votre objectif ? A quoi les autres le verront-ils ? »

c) Le changement dépend du client.

Il doit pouvoir prendre l'initiative et la responsabilité du but qu'il se fixe.

Le conjoint qui veut que son partenaire cesse de boire ou de fumer poursuit un objectif dont il n'a pas le contrôle. Nous n'acceptons pas d'objectifs dont la réussite dépend d'autres personnes, ou consiste à vouloir changer autrui. Par contre, dans ce dernier cas, un individu peut décider d'acquérir les ressources nécessaires pour obtenir une réaction différente chez un partenaire avec qui il ne communique pas de manière satisfaisante.

d) Le contexte dans lequel la personne veut atteindre son objectif est clairement défini.

Les objectifs sont parfois formulés de façon absolue ou généralisatrice, par exemple : « Je veux être détendu », ce qui implique que la personne veut être détendue en toutes circonstances. Nous demandons alors : « Y a-t-il des cas où ce n'est pas approprié que tu sois détendu ? » pour amener notre interlocuteur à définir le contexte dans lequel il se fixe le but en question. En effet, il s'agit de lui permettre d'ajouter des options à son comportement et non de substituer un comportement à un autre, ce qui pourrait être le cas si le contexte n'était pas spécifié.

e) L'état désiré permet de conserver les bénéfices secondaires positifs qui accompagnent l'état présent.

Un certain nombre de situations définies par la personne comme problématiques, par exemple fumer ou manger à l'excès, comportent généralement des aspects positifs. Un grand nombre de fumeurs prennent une cigarette pour se relaxer, respirer profondément ou faire une pause dans leur activité. Il est bien entendu important de préserver ces gains si l'on veut que le résultat obtenu soit durable, et donc de se fixer un objectif qui en tienne compte.

f) Le but est cohérent avec le fonctionnement global de la personne; il est écologique.

L'écologie est la science des milieux de vie. Elle est concernée par l'équilibre des systèmes vivants. Nous pouvons transposer certaines de ses notions à l'individu pour nous intéresser à son équilibre global. Le respect de ce dernier passe par la prise en compte de deux dimensions :

- L'écologie interne : les différents systèmes qui s'équilibrent en lui.
- L'écologie externe : les réseaux familiaux, professionnels et sociaux dans lesquels il s'est inséré.

La préservation des bénéfices secondaires est un des moyens de respecter cet équilibre. Nous veillons aussi à ce qu'un résultat positif n'ait pas par ailleurs de retombées néfastes dans d'autres domaines de la vie de la personne. Une jeune femme habituellement effacée se fixe pour but de s'affirmer devant un mari dont elle avait jusque-là supporté les comportements violents. Nous nous assurons alors qu'elle ne risque pas de se retrouver à l'hôpital.

Choisir une technique d'intervention

Lorsque l'intervenant a établi le rapport et collecté les informations dont il avait besoin, il peut opter pour une technique d'intervention parmi celles que nous présentons dans ce chapitre ou celles qu'il possède déjà. Dans notre propre pratique, nous faisons appel à des techniques venant de l'analyse transactionnelle et du travail de Milton Erickson, que nous combinons à celles de la PNL.

Faire un pont avec l'avenir

Nous nous assurons alors que l'état désiré et les ressources acquises pour y parvenir vont être utilisables hors du cabinet thérapeutique. Nous allons donc les transférer dans les contextes où ils seront employés à l'avenir. Un procédé consiste à associer le nouveau comportement ou les nouvelles ressources à un stimulus qui se produit naturellement dans le contexte voulu. Nous demandons au client : « Quelle est la première chose que tu vas voir, entendre ou sentir et qui te fera savoir que tu as besoin de ces nouvelles ressources ? » ou plus simplement : « Quelle est la prochaine situation dans laquelle tu vas utiliser ces nouveaux comportements ? » Il imagine alors la scène et nous l'ancrons avec l'état désiré. Il est possible de faire la même chose avec une ou deux autres scènes à venir dans des contextes différents.

Généralement, le constat pédagogique en matière d'apprentissage est que les compétences acquises sur un lieu de formation sont souvent mal transférées à la vie quotidienne. C'est ce qu'illustre le cas de la personne qui constate avec déception qu'un travail thérapeutique important n'a pas de répercussion dans sa vie de tous les jours, ou celui de l'homme qui, une heure après être sorti de sa séance de relaxation, est de nouveau aussi tendu.

Faire un pont avec l'avenir n'est donc pas la petite touche finale qui enjolive le travail. Sans cette étape, les résultats acquis risqueraient de rester ancrés au cabinet thérapeutique et de ne pas dépasser ses murs. Elle est donc nécessaire pour que le but soit atteint et que le changement se généralise dans la vie du client.

9
Ancrages et ressources

Toute votre vie vous avez appris... et vous pouvez faire le tri dans vos souvenirs, vos espoirs, vos anticipations et vos désirs, et organiser différemment vos apprentissages de façon à ce que cette nouvelle organisation serve votre évolution et votre bien-être.
MILTON ERICKSON

Quelque part dans son histoire, chaque être humain possède les ressources dont il aurait besoin aujourd'hui.

Lorsqu'elle vient nous consulter, *chaque personne amène avec elle un problème, mais aussi l'ensemble des apprentissages, des ressources et des expériences qu'elle a accumulés au long de sa vie.* Une part du travail effectué en PNL consiste à prendre appui sur ces capacités et à trouver des moyens de les appliquer aux domaines dans lesquels elles font aujourd'hui défaut à la personne.

Celui qui est confiant lorsqu'il chante sous sa douche, mais qui ne l'est plus lorsqu'il s'agit de prendre la parole en groupe n'est pas selon nous mû par une compulsion à l'échec dès qu'il est devant un groupe, mais simplement n'a pas mis en place au cours de sa vie certains apprentissages qui lui seraient utiles aujourd'hui. Il doit créer le réseau d'associations internes qui lui permettra d'étendre ce qu'il vit sous sa douche à d'autres contextes, dont la prise de parole en groupe.

L'emploi délibéré de l'ancrage, lié à l'idée selon laquelle une personne possède les ressources nécessaires à son évolution a donné naissance à plusieurs techniques. Pour illustrer le concept d'ancrage, nous vous avons présenté précédemment quelques applications simples; nous vous en proposons maintenant d'autres, plus élaborées. (Nous avons écourté la transcription des séances de travail que nous reproduisons ici pour en faire apparaître clairement les mécanismes. En temps réel, ce type d'intervention dure entre dix minutes et une heure.)

La désactivation d'ancres

Claude a peur d'avoir un malaise dans la rue; bien que cela ne lui soit pas encore arrivé, il ne sort jamais sans appréhension à l'idée qu'il pourrait s'évanouir.

Alain : Depuis combien de temps as-tu peur ?
Claude : Cela fait longtemps, cinq ou six ans, je crois. J'ai beau me dire qu'il n'y a pas de raisons pour que ça m'arrive, chaque fois que je sors, j'ai une appréhension, je me vois allongé par terre avec un attroupement autour de moi, et j'imagine qu'on va m'emmener à l'hôpital.

Pendant qu'il parle, ses mains se crispent sur le bord du fauteuil, sa respiration est très superficielle et rapide, son visage pâlit, ses lèvres sont également pâles et diminuent de volume. Alain ancre cette expérience en touchant le genou gauche de Claude (ancre A).

A. : Oui, c'est certainement pénible de s'imaginer évanoui dans la rue. Laisse cette situation de côté pour l'instant. Nous allons passer maintenant à une expérience plus agréable. Il est plus facile de régler un problème à partir d'une position de bien-être.

Il demande alors à Claude de se souvenir d'une scène qu'il associe à un sentiment de confort et de confiance en soi et en ses propres moyens. Claude réfléchit.

C. : J'en ai plusieurs, j'hésite.

A. : Choisis la scène que tu associes avec les sensations les plus agréables.

C. : Le mois dernier, j'ai donné une fête pour mon anniversaire, c'était très réussi, j'en ai un bon souvenir.

Alain lui propose de penser à un moment particulièrement agréable de cette fête et de décrire ce qu'il voit. La pièce et sa décoration, les amis qui sont avec lui, la façon dont ils sont habillés, leurs gestes, ses propres vêtements, etc. Claude raconte la scène de manière vivante, il voit ses amis danser autour de lui. Alain lui demande alors d'ajouter la musique et les sons qui lui parviennent, bruits des verres qui s'entrechoquent, bribes de conversations, rires, etc. Au fur et à mesure qu'Alain suggère d'inclure des paramètres sensoriels différents, Claude entre davantage dans l'expérience plaisante. Il l'invite enfin à prendre conscience de son corps bougeant agréablement au son de la musique, de sentir le rythme et d'éprouver toutes les sensations positives qui accompagnent cet instant.

Le teint de Claude est maintenant coloré, ses lèvres ont augmenté de volume, sa respiration s'amplifie également, les muscles de son corps sont toniques et ceux de son visage détendus, les coins de sa bouche se relèvent légèrement. Alain ancre cet état en touchant son genou droit (ancre B).

Puis, après l'avoir aidé à reprendre contact avec l'ici et maintenant, il lui demande de repenser au problème et d'imaginer qu'il sort dans la rue. Au moment où il accède au souvenir de cette situation pénible, il touche simultanément les deux ancres A et B pendant quelques instants.

Ce procédé télescopant deux expériences incompatibles, la plupart des personnes expérimentent alors un moment de confusion. Pour certains, ce processus interne prend la forme d'une superposition d'images, pour d'autres celle d'un mélange de sensations physiques, de sons ou de voix conflictuels jusqu'à l'apparition d'une configuration nouvelle. Un observateur attentif peut généralement remarquer des signes extérieurs de ce phénomène d'intégration des quadruplés antagonistes. C'est ce qui se produit avec Claude. Après quelques secondes pendant lesquelles l'expression de son visage change très rapidement, ses traits se détendent peu à peu, il prend une inspiration plus profonde et sa main, qu'il

avait légèrement crispée sur sa cuisse, se détend également.
Au bout d'un moment, Alain teste le travail en lui proposant à nouveau de s'imaginer dans la rue. Claude en fait l'expérience sans ressentir d'appréhension. Au dernier suivi effectué un an plus tard, il continuait à se sentir à l'aise dans la rue et considérait ce problème comme de l'histoire ancienne.

La désactivation d'ancres est une technique qui consiste à associer deux représentations incompatibles — généralement une ressource opposée à une expérience pénible — en déclenchant simultanément les ancres correspondant à ces situations (ancres kinesthésiques dans notre exemple : contact genou droit et genou gauche). Le but est de neutraliser l'expérience douloureuse.

Nous utilisons cette technique lorsqu'un individu manifeste, face à une situation donnée, une réaction inadéquate que nous changeons sans avoir besoin d'en connaître l'origine ni même le déclencheur présent. Notre cerveau ne peut construire qu'une représentation à la fois. Lorsque deux informations opposées empruntent en même temps les mêmes voies nerveuses, comme c'est le cas dans cette technique, elles sont immédiatement réorganisées en une seule, différente des deux premières.

La désactivation d'ancres permet une transformation immédiate des composantes sensorielles d'une expérience négative. Le problème est mis en opposition avec une autre situation, elle positive, puis modifié par inhibition réciproque[2]. Ce travail peut être effectué en bloc, c'est-àdire en opposant deux situations sans chercher à détailler leurs composantes, ou bien, si nécessaire, de façon plus détaillée. Dans ce cas, nous décomposons les quadruplés qui constituent chaque expérience, puis nous travaillons système par système :

- □ Visuel, en identifiant l'image négative A et en lui opposant une image positive B;
- □ Auditif, en identifiant les sons ou les voix négatifs A, en les opposant aux sons et voix positifs B;
- □ Kinesthésique, etc.

La nouvelle carte expérientielle obtenue à partir de cette technique acquiert alors une signification différente, qui va permettre d'autres sentiments, associations cognitives et comportements liés à cette mémoire modifiée.

Si nous laissons de côté les théories explicatives pour nous intéresser à ce que font les thérapeutes dans leur travail, nous pouvons observer que la désactivation d'ancres, sous des formes variées, est un modèle sous-jacent commun à des techniques provenant d'approches diverses.

Nous avons pratiqué l'expérience suivante dans des groupes de Gestalt : à une personne qui se plaint d'un certain comportement, par exemple d'être timide, on demande d'incarner ce trait de caractère et de devenir cette timidité, puis de s'identifier au pôle opposé, par exemple d'être exagérément sûre d'elle. On lui propose ensuite de mimer les deux comportements tout à tour, puis de passer de l'un à l'autre de plus en plus rapidement, le but étant de produire une intégration des deux parties pour disposer à l'avenir d'une troisième médiane. Bien que, sur la forme, cette technique diffère de celle que nous avons présentée dans notre exemple, on y retrouve à l'œuvre le même principe.

Dans les thérapies par le cri[3], on utilise une technique appelée « bonding » : le thérapeute amène son client, le plus souvent allongé sur un matelas, à revivre une expérience ancienne douloureuse dans toute son intensité (paramètre K) pendant qu'il est couché contre lui, et il le tient dans ses bras de façon protectrice. Quel que soit le fondement théorique de cette pratique, en prenant son client dans ses bras à ce moment-là, ce thérapeute ancre une seconde expérience positive opposée à la première. Il apparie donc deux expériences antagonistes — une situation de détresse, et une situation de soutien et de contact physique — qui sont vécues simultanément et réorganisées intérieurement en une troisième, différente.

De manière générale, la désactivation d'ancres est le paradigme même des thérapies émotionnelles; pour ces approches, tout problème vécu par une personne est compris comme la conséquence d'une expérience traumatique survenue dans son enfance et dont le souvenir est réprimé. Ce problème s'incarne chez son porteur sous la forme d'une énergie vitale bloquée, dont il est important de favoriser la décharge. Le processus catharsique de décharge prend l'allure d'une explosion émotionnelle souvent spectaculaire qui aurait alors la propriété de nettoyer le système et de faciliter une rééquilibration de l'individu. Si l'on quitte cette métaphore explicative pour observer ce que fait le praticien de ces approches, nous constatons qu'il part du malaise (paramètre K) que ressent son client dans certaines situations de sa vie présente et qu'il l'aide à se servir de ce sentiment comme fil conducteur pour repartir dans le passé jusqu'à un événement pénible de son enfance. Le sentiment éprouvé à l'époque est alors revécu. A ce point, les autres paramètres sensoriels de l'expérience peuvent resurgir spontanément ou être suscités en fondu-enchaîné par le thérapeute : « Dans quelle situation te trouves-tu... Qu'est-ce qu'on te dit... ? » Le client est ensuite conduit à exprimer une émotion antagoniste à celle qu'il vient de connaître.

Imaginons qu'il retrouve le souvenir de s'être réveillé après sa sieste lorsqu'il avait trois ans, et qu'il ait alors éprouvé une peur intense en découvrant que l'appartement était vide. Ses parents étaient sortis en le laissant seul. Une fois sa peur exprimée, le thérapeute va conduire son client à vivre une émotion différente, par exemple l'encourager à ressentir la colère légitime qu'il a accumulée à l'égard de parents qui l'ont abandonné. (La personne peut d'ailleurs avoir ou non de la colère. Si on lui dit qu'elle en a et qu'elle le croit, elle en a maintenant.) Si l'expression de cette colère égale ou dépasse en intensité l'expression du sentiment précédent, cette première ancre se trouve désactivée.

De même, on guidera le triste dans l'expression d'une colère refoulée ou le coléreux dans celle d'une tristesse ou d'une peur qu'il aurait intériorisée. Toutes les combinaisons sont possibles, et en procédant ainsi, on télescope des expériences opposées, ce qui est le principe même de la désactivation d'ancres.

Parmi toutes ces approches, celles qui ont un appareil théorique plus simple réalisent cette désactivation d'une seule façon, en conduisant la personne dans l'expression de cris. Quel que soit l'état dans lequel le client se trouve au départ, tristesse, peur ou colère, son expérience est désactivée par l'expression de cris ou de hurlements.

Il nous semble que ces pratiques ont exporté avec elles la

croyance en la nécessité de souffrir pour changer, résumée par l'adage américain « no pain, no gain » (pas d'amélioration sans douleur). Nous pensons qu'on peut parvenir aux mêmes résultats par d'autres voies plus agréables. C'est une chose que de favoriser l'expression d'une émotion, c'en est une autre d'axer toute une thérapie sur le revécu extensif des souffrances du passé.

LA DÉSACTIVATION D'ANCRES

1. Identifier le problème X. L'ancrer : ancre A. Calibrer.
2. Susciter la polarité inverse. L'ancrer : ancre B. Calibrer.
3. Stimuler simultanément les ancres A et B. Observer l'intégration (après un temps plus ou moins long, on doit obtenir une calibration entre A et B).
4. Tester en demandant à la personne d'imaginer qu'elle se trouve face au stimulus qui provoquait le comportement problématique, ou tester en la plaçant en situation réelle lorsque c'est possible.

Thérapie très brève : la dissociation V/K

Evelyne a une trentaine d'années. Elle se rend chaque semaine à la piscine pour une initiation à la plongée sous-marine, et elle a constaté qu'elle se sentait mal à l'aise lorsqu'elle avait « toute cette eau sur la tête ». Elle aimerait se débarrasser de cette sensation désagréable pour pouvoir profiter pleinement du plaisir qu'elle a néanmoins à prendre ces leçons.

Josiane : As-tu des souvenirs pénibles attachés à l'eau, à la baignade ?

Evelyne : Non, je ne vois vraiment pas, j'ai toujours beaucoup aimé l'eau.

J. : Reviens à ce que tu éprouves quand tu es sous l'eau. Prends le temps d'imaginer que tu y es. Que se passe-t-il ?

E. : C'est désagréable, pas vraiment paniquant, mais une sorte d'angoisse diffuse.

J. : Tu peux ressentir cette angoisse diffuse lorsque tu en parles ?

La calibration montre que c'est le cas. Evelyne fait signe que oui, Josiane ancre la sensation sur son bras droit.

J. : Ce que tu vas faire maintenant, Evelyne, c'est garder cette sensation et remonter dans le temps ; si tu veux, tu peux fermer les yeux. Laisse venir les images, les sons, et lorsque tu auras trouvé une scène ancienne au cours de laquelle tu éprouvais la même chose, fais-moi signe.

Evelyne ferme les yeux. Au bout d'un moment, elle les ouvre tout en regardant en haut et à droite (image remémorée).

E. : Je suis en contact avec une scène, mais ça n'a rien à voir, ça n'a aucun rapport avec l'eau.

J. : Cela ne fait rien. C'est une scène désagréable, n'est-ce pas ?

E. : Oui, assez.

J. : Laisse-la de côté pour le moment, reviens ici dans cette pièce, avec nous. Veux-tu penser à une scène agréable que tu associes avec un sentiment de confort et de sécurité ? Lorsque tu l'auras trouvée, je te propose de me donner la main et de la serrer.

Evelyne réfléchit un moment, regarde les gens autour d'elle et tend la main.

E. : Le fait d'être dans cette pièce avec vous et de te donner la main est agréable et sécurisant, je me sens bien dans ce groupe.

La calibration montre qu'Evelyne est en effet en contact avec un sentiment de confort (corps détendu, muscles du visage relaxés, respiration régulière). Josiane prend la main qu'elle tend.

J. : Très bien. Dans ce cas, tout en tenant ma main et en gardant le contact avec cette sensation de confort et de sécurité, tu vas imaginer que tu te vois sur un écran, là-bas sur le mur en face de nous, à l'âge que tu avais quand cette scène a eu lieu. Lorsque tu seras prête, tu pourras démarrer le film. Tu peux regarder sans rien dire, ou raconter la scène, comme tu veux. Ce qui est important, c'est que tu gardes le contact avec ce sentiment de sécurité. Dans le cas contraire, arrête le film et préviens-moi.

E. : J'ai envie de raconter... Je suis petite et je suis dans un grand lit qui n'est pas le mien, peut-être en vacances, et il fait noir, complètement noir, j'ai glissé sous les couvertures et je panique car je ne trouve pas la sortie.

J., interrompant E. : C'est une situation effrayante pour une petite fille. Reste en contact avec la sécurité et le confort que tu peux augmenter en serrant ma main. Regarde le lit là-bas et dis-moi ce qui arrive à la petite Evelyne.

E. : Elle se débat et cherche la sortie, elle crie, mais elle a l'impression qu'on ne l'entend pas sous le gros édredon.

Quelques instants passent pendant lesquels Evelyne regarde ce qui se déroule sur l'écran.

E. :... Finalement, la porte s'ouvre et on vient la délivrer.

J. : Qui entre dans la chambre ?

E. : C'est sa maman, elle allume, elle enlève l'édredon et déborde les couvertures, elle la prend dans ses bras et lui parle avec tendresse. Elle la console, Evelyne a cessé de pleurer, elle demande qu'on laisse la porte ouverte, elle va se rendormir.

Evelyne regarde Josiane en souriant.

E. : C'est étrange, je n'aurais jamais pensé que cette peur d'être sous l'eau avait cette origine. D'ailleurs, je ne me souvenais plus de cette scène.

Catherine, une autre personne du groupe, intervient.

C. : Ce qui vient de se passer m'ouvre des horizons, j'ai toujours eu peur d'être sous l'eau, et pourtant je n'ai aucun mauvais souvenir de baignades, mais il m'est arrivé quelque chose qui ressemble beaucoup à ce que tu as décrit, quand j'étais petite.

J. : C'est une mésaventure qui arrive souvent aux enfants qu'on met dans un grand lit, et c'est une expérience pénible.

Josiane se tourne vers Evelyne.

J. : Quand vas-tu à ta leçon de plongée ?

E. : Mardi.

J. : Alors, imagine que nous sommes mardi, c'est l'heure de ta séance; descends dans l'eau et vérifie ce qui se passe pour toi.

Evelyne fait l'expérience sans manifester de malaise. La calibration montre que l'idée d'être sous l'eau ne la gêne plus.

J. : Bravo ! Il ne reste plus qu'à vérifier le résultat dans l'eau. Tu nous pourras dire comment ça s'est passé la semaine prochaine.

Dans cet exemple, Josiane se sert du sentiment désagréable et l'ancre pour remonter dans le passé d'Evelyne et trouver une scène ancienne associée au même malaise. Grâce à cette méthode, elle se remémore facilement une scène qui n'a, dit-elle, « rien à voir » avec le problème qu'elle présente.

Comme scène sécurisante, Evelyne choisit une expérience dans l'ici et maintenant. Elle se sent bien dans le groupe et avec Josiane. C'est un choix aussi bon que celui d'une scène positive plus ancienne. Ce qui est important, c'est le sentiment de sécurité qu'elle expérimente.

Lorsqu'elle commence à raconter le « film » qui se déroule sur l'écran imaginaire, Josiane l'interrompt rapidement car l'emploi du pronom « je » pour la petite fille qu'elle était indique qu'elle n'est pas encore dissociée de la scène. Elle rétablit la dissociation en se synchronisant dans un premier temps sur son vécu (« C'est une chose effrayante... »), puis en utilisant le vocabulaire approprié pour établir la dissociation entre le « je » (Evelyne ici, en contact avec la sécurité) et le « elle » (la petite fille là-bas sur l'écran). Evelyne réagit favorablement et poursuit son récit en disant « elle ».

Ce point est important dans un tel travail. En effet, il s'agit de désassocier la partie visuelle de l'expérience de la partie kinesthésique négative pour la remplacer par un K positif. Pour que cette association nouvelle se fasse dans les meilleures conditions, nous veillons à ce que notre client ne soit pas en contact avec le K négatif. La manœuvre est double :

- Le point de vue change. La personne qui était dans l'image se voit du dehors (voir encadré).
- Cette image est en même temps réassociée à un sentiment de confort.

ÊTRE DANS/HORS D'UNE EXPÉRIENCE

Pour bien comprendre comment les techniques de dissociation dont nous traitons ici permettent de guérir des traumatismes et des phobies, il est important d'établir la distinction entre « être dans une expérience » et « être hors de cette expérience ».

Pour faire vous-même la différence, vous pouvez vous livrer à l'exercice qui suit :

1. Etre dans l'expérience

Les yeux ouverts ou fermés, imaginez-vous sous votre douche. Vous pouvez voir la pomme de douche, ce qui est devant vous, ainsi que l'une de vos mains avec laquelle vous réglez les robinets. Remarquez que, dans cette situation, vous ne voyez de votre corps que les mains ou les bras, ainsi que le bas. Dans cette expérience, vous avez le même point de vue que si vous vous trouviez réellement sous votre douche. De ce fait, il est normal que vous éprouviez facilement ce qui va de pair avec cette situation.

Imaginez-vous de nouveau sous la douche. Vous voyez ce qui vous entoure, et vous pouvez diriger votre attention sur la sensation de la mousse du savon sur votre corps. L'eau coule et vous sentez sa température sur votre peau. Vous avez également la sensation de vos pieds dans l'eau, en contact avec le sol de la douche et, tout en sentant l'eau sur votre corps, vous pouvez entendre le bruit qu'elle fait en coulant ainsi que les autres bruits de la pièce s'il y en a.

Pendant que vous faites cette expérience, remarquez que votre corps développe un ensemble de réactions physiologiques qui correspondent à la situation évoquée. Lorsque vous êtes dans l'image, c'est-à-dire associé, vous revivez physiologiquement l'expérience correspondante. Votre corps réagit à la situation comme si elle était présente.

2. Etre hors de l'expérience

Visualisez un écran de cinéma face à vous, sur lequel vous vous voyez dans votre douche.

Remarquez que, lorsque vous regardez cette image en spectateur, vous pouvez voir votre corps tout entier. L'autre différence par rapport au premier cas est que vous n'éprouvez pas de réactions physiologiques. Vous êtes dissocié de l'expérience

« douche ». Si vous éprouvez quelque chose maintenant, c'est en rapport avec le lieu où vous êtes installé, ou à *propos* de ce que vous voyez là-bas sur l'écran (par opposition à ce que vous éprouvez *dans* l'expérience).

L'hypothèse de base de notre travail sur les traumatisme et les phobies est que les intéressés construisent leur expérience avec une image correspondant au type 1. (être dans l'expérience); chaque fois que, consciemment ou non, ils repensent à la scène en question, ils réexpérimentent la totalité des réactions physiologiques qui y sont associées. Notre tâche consiste à les aider à passer d'une image de type 1. à une image de type 2.

Selon un principe voisin de la dissociation V/K, nous pratiquons des dissociations A/K quand le stimulus dérangeant est auditif.

C'est ce que nous avons fait avec Marie-France qui, lorsque ses enfants jouaient dans la cour, avait peur qu'il leur soit arrivé quelque chose chaque fois qu'elle entendait un de leurs cris.

En réagissant ainsi, elle se plaçait sous stress plusieurs fois par jour, et ce sont ses enfants eux-mêmes qui finissaient par la rassurer en lui disant que tout allait bien et qu'elle pouvait se détendre.

Marie-France avait déjà abordé cette difficulté au cours d'une psychothérapie précédente,et ce thème avait fourni le point de départ d'une mise à jour intéressante d'éléments de son passé. Bien que ce travail ait eu des répercussions positives sur certains domaines de sa vie, le problème d'origine restait toujours intact.

L'attitude qu'elle aurait voulu avoir — être calme, mais capable d'agir efficacement si besoin était —, nous l'avons trouvée facilement dans son histoire : elle avait été infirmière avant de se marier et se souvenait avoir exercé son métier avec calme et efficacité. Nous avons donc ancré cette ressource, et lorsqu'elle était dans cet état intérieur, nous lui avons demandé d'entendre, là-bas, comme s'ils venaient de sa cour, les cris des enfants qui jouaient, jusqu'à ce que la nouvelle association prenne place. Puis, nous avons testé notre travail en lui suggérant de s'imaginer de retour chez elle et d'entendre ses enfants jouer.

Nous avons effectué un suivi d'un an sur ce travail. Marie-France a profité de ce changement dès son retour à son domicile et a conservé cet acquis depuis. Nous n'avons pas observé l'apparition de difficultés nouvelles liées au traitement de ce problème.

Si, dans les deux exemples précédents, les moyens employés pour créer une dissociation diffèrent, le résultat recherché reste identique : il s'agit, tout en gardant la même image ou le même stimulus auditif, de changer les sentiments ou sensations qui leur sont associés.

Nous utilisons cette technique chaque fois que la structure d'un problème présente l'apparence :

- □ $V^i \rightarrow K-$ = la personne voit quelque chose et se sent mal, ou
- □ $A^i \rightarrow K-$ = la personne entend quelque chose et se sent mal.

Ce qu'elle voit ou entend peut être conscient ou non. Dans ce dernier cas, l'observation des mouvements d'yeux permet d'identifier le circuit en jeu : V (yeux haut gauche) ou A (yeux latéraux ou bas gauche), suivis de K–.

Sans avoir besoin d'en passer par une analyse des raisons pour lesquelles un individu a établi un jour cette association, cette technique consiste donc à désassocier directement ce qui avait été associé une première fois, puis à établir un nouvelle association plus profitable.

La dissociation simple est d'un emploi utile lorsqu'une personne se plaint de se sentir mal dans une situation donnée, lorsqu'elle se rappelle un souvenir traumatisant ou dans des cas de malaises anticipés, par exemple à l'idée d'avoir à faire un discours en public ou de passer un examen. Après avoir effectué la dissociation, on pourra éventuellement procéder à l'ancrage de ressources supplémentaires. Ce sera d'autant plus efficace que l'événement aura été, au préalable, décollé du sentiment de peur ou de malaise qui l'accompagnait.

THÉRAPIE TRÈS BRÈVE :
LA DISSOCIATION SIMPLE

1. Identifier le déclencheur V ou A.
2. Aider la personne à s'installer dans un état interne confortable (K+). Ancrer ressource (ancre R).
3. En utilisant l'ancre R, créer une dissociation : « Tout en restant confortablement installé ici, tu peux voir/entendre là-bas... »
4. Prendre le temps d'intégrer en calibrant.
5. Tester : demander d'imaginer le déclencheur V ou A sans tenir l'ancre.
6. Etablir un pont avec l'avenir en demandant à la personne d'imaginer une situation future où elle se trouvera confrontée avec le stimulus V ou A ou, si possible, tester dans la réalité.

Traitement des phobies : la double dissociation

D'aussi loin qu'il se souvienne, Jean-Paul a peur des chiens. Qu'ils soient gros ou petits, il fait un détour pour les éviter. Comme il vit à la campagne, il en croise souvent qui sont en liberté. Dans le petit immeuble où il habite, ses voisins ont deux boxers et, bien qu'il sache qu'ils ne sont pas dangereux, il écoute à la porte avant de sortir de chez lui pour s'assurer qu'il n'aura pas à les croiser dans l'escalier. En venant nous voir à Paris, il a changé plusieurs fois de trottoir pour la même raison. Il manifeste son désir de se débarrasser de cette peur encombrante.

Alain : Dans le doute, quand on n'est pas sûr de reconnaître un chien dangereux d'un chien qui ne l'est pas, c'est une protection que de les éviter tous. Est-ce que c'est ton cas ?

Jean-Paul : Non, dans mon cas c'est plutôt un handicap car je sais reconnaître les chiens dont il faut se méfier. Le problème, c'est que j'ai peur aussi de ceux qui ne sont pas dangereux. Si je n'avais plus peur, ça ne m'empêcherait certainement pas de faire attention lorsque j'ai un doute.

A. : Bien... Imagine que tu es face à un chien sur le même trottoir que toi. Qu'est-ce que tu ressens ?

J.-P. : J'ai peur.

A. : Comment sais-tu que tu as peur ?

J.-P. (yeux bas gauche) : J'ai comme un choc dans la poitrine et mes jambes mollissent.

A ce moment, Alain ancre cette expérience sur le poignet gauche de Jean-Paul (ancre P : problème) pour pouvoir retrouver facilement la sensation lorsque ce sera utile au cours du travail, puis il s'assied à côté de lui. Il lui demande d'évoquer plusieurs scènes où il se sent en sécurité et en contact avec différentes ressources telles que le calme et la confiance en soi, ressources que Jean-Paul a définies comme étant les sensations qu'il voudrait éprouver à la place du sentiment de peur lorsqu'il voit un chien, et Alain ancre ces ressources en posant sa main sur son bras.

A. : Le contact de ma main sur ton bras est associé à ces ressources, et tu vas pouvoir rester en contact avec elles.

Alain touche le poignet gauche de Jean-Paul (ancre P).

A. : Souviens-toi à présent de l'expérience désagréa ble la plus ancienne que tu as eue avec un chien.

J.-P. (au bout d'un moment) : Eh bien, je me souviens d'une fois, j'avais cinq ou six ans, et j'allais au restaurant avec mes parents, c'était le soir et il faisait noir. Au moment où je suis sorti de la voiture, un chien a sauté d'un petit mur qui surplombait la rue juste à côté de moi, j'ai eu une peur terrible. Il ne m'a rien fait; avec le recul je me dis qu'il voulait peut-être jouer. En tout cas, j'ai eu très peur.

A. : Je comprends ça... Aujourd'hui, c'est différent, tu es en contact avec les ressources qui te permettent d'évoquer cette scène en sécurité, et tu vas les garder avec toi tout au long du travail. Maintenant, imagine là-bas sur le mur un écran où tu vas projeter l'image du petit Jean-Paul juste avant qu'il ne sorte de la voiture. Laisse l'image fixe pour l'instant.

J.-P. : D'accord, c'est la voiture que je mets sur l'écran, le petit Jean-Paul est assis à l'arrière.

Alain ancre cette première dissociation sur l'épaule gauche de Jean-Paul (ancre D1).

A. : Bien, maintenant, tu vas faire une chose inhabituelle. Tu vas imaginer que tu sors de ton corps et que tu flottes au-dessus de lui dans une position où tu pourras te voir assis ici, confortablement en train de regarder l'écran là-bas. Ton rôle sera d'observer et d'apprendre.

J.-P. : Je flotte au-dessus de moi ?

A. : Oui, comme si tu étais au cinéma et que tu observes du balcon là-haut un spectateur à l'orchestre qui regarde le film.

J.-P. (souriant) : Ça y est, je suis au balcon.

Alain ancre la deuxième dissociation sur l'épaule de Jean-Paul (ancre D2), puis lui demande de visionner le film jusqu'à la fin. Pendant que Jean-Paul regarde la scène, Alain observe pour s'assurer qu'il n'associe pas de sensations déplaisantes à cette expérience.

A. : Reste en contact avec tes ressources (R), tu peux voir de là-haut (D2) Jean-Paul qui regarde en toute sécurité la scène qui se déroule sur l'écran là-bas (D1).

Lorsque le film est terminé, Alain demande à Jean-Paul de redescendre dans son corps, puis d'entrer en contact avec le petit garçon qui a eu très peur pour le réconforter.

A. : Maintenant, prends contact avec le petit Jean-Paul et dis-lui ce qu'il a besoin d'entendre pour se sentir vraiment rassuré. Il a eu très peur et tu es la seule personne qui sache exactement ce qu'il faut lui dire pour qu'il se sente bien. Dis-lui aussi que cette scène ne se reproduira plus, et prends le temps nécessaire pour qu'il se sente tout à fait réconforté.

Jean-Paul ferme les yeux. Alain observe les indicateurs non verbaux qui montrent que le petit Jean-Paul est effectivement rassuré : les muscles du visage se détendent, les coins de la bouche remontent légèrement, et la respiration s'approfondit.

J.-P. (au bout d'un moment) : Ça y est, je sens qu'il est rassuré.

A. : Bien ! Alors maintenant, prends-le dans tes bras et réintègre-le dans ton corps, il fait partie de toi.

Jean-Paul fait le geste de serrer quelqu'un contre sa poitrine avec tendresse. Quand c'est terminé, Alain teste le travail accompli.

A. : Maintenant, tu vas faire une expérience. Imagine que tu rentres chez toi et, demain ou plus tard, tu vas faire des courses. Au moment où tu arrives en bas de l'escalier, le voisin commence à monter avec ses chiens. Qu'est-ce que tu ressens ? Prends le temps de vivre cette scène.

J.-P. (au bout de quelques instants) : Il est passé avec ses chiens, je me sens tout à fait calme.

A. : Très bien. Maintenant, imagine que tu descends dans la rue, le trottoir n'est pas large, et un chien s'avance vers toi. Que se passe-t-il ?

Jean-Paul a les yeux dans le vague, puis il regarde Alain avec satisfaction.

J.-P. : Il est passé tout près de moi; je n'ai même pas eu envie de traverser.

Au cours de la pause qui a lieu au moment du déjeuner, Jean-Paul a l'occasion de croiser plusieurs chiens dans les rues de Paris. Il n'éprouve aucun malaise, même lorsqu'il arrive à leur hauteur. Le test en situation réelle est donc concluant.

Avant de commencer le travail, Alain a vérifié que Jean-Paul savait reconnaître un chien dangereux. En effet, les phobies ont parfois un rôle protecteur, et nous ne débarrassons jamais une personne d'une phobie de l'eau ou des hauteurs sans nous être assurés qu'elle n'était pas suicidaire. C'est peut-être la protection qu'elle se donne pour éviter de se noyer ou de se jeter du huitième étage. Dans ce cas, c'est bien entendu le problème à traiter en priorité.

Alain établit ensuite une ancre kinesthésique puissante assurant le confort de Jean-Paul. Cette ancre va être associée à la composante visuelle de la scène pénible à la place de la peur. La double dissociation permet d'effectuer confortablement cette substitution.

Tout d'abord, Jean-Paul regarde la scène projetée sur un écran situé à quelques mètres de lui, ensuite il flotte hors de son corps et « d'en haut »; il s'observe lui-même en train de regarder la scène.

Le vocabulaire employé constitue également un ensemble d'ancres permettant de s'assurer que Jean-Paul reste dissocié, et garde le contact avec les ressources dont il a besoin. Alain parle de Jean-Paul enfant à la troisième personne, ce qui crée une distance, et il émaille ses phrases de mots tels que « confortablement », « contact », « ressources », « observer », « là-bas », « là-haut », qui sont associés aux ancres R (ressources) et D1 et D2 (dissociations).

Si, malgré cette double dissociation, la personne a tendance à entrer en contact avec le sentiment pénible, nous arrêtons et nous l'aidons à retrouver les ressources kinesthésiques de confort et de sécurité. Eventuellement, nous en rajoutons d'autres et nous vérifions à nouveau qu'elle reste bien dissociée, puis nous reprenons là où nous nous étions arrêtés.

Une fois que nous avons induit une dissociation, nous procédons toujours à la réintégration des parties dissociées. Pour cela, le moyen le plus simple est de renverser le processus : Jean-Paul redescend dans son corps puis réintègre le petit enfant qui fait partie de lui.

Enfin, la vérification du résultat est faite tout d'abord en imagination en demandant à Jean-Paul de se projeter dans le futur et d'affronter les situations qui lui faisaient peur, puis en vérifiant dans la réalité qu'il n'a plus peur des chiens inoffensifs. Il n'est pas toujours possible de faire cette dernière vérification immédiatement. Dans ce cas, la personne revient pour un suivi.

En fait, les voies nerveuses utilisées pour construire une représentation sont les mêmes que celles qui permettent de percevoir des situations réelles. Il est donc vraisemblable que, si le test fait en imagination est concluant, il le sera également dans la réalité. Deux ans plus tard, Jean-Paul n'a toujours plus peur des chiens et il en a croisé quotidiennement.

La technique de double dissociation est parfois appelée traitement des phobies, car elle permet en effet de débarrasser une personne en une séance de sa peur des chiens, des serpents, de l'eau, des piqûres, ou de n'importe quelle autre peur phobique. Elle peut aussi être utilisée plus largement, car de nombreuses limitations personnelles ont la même structure que les phobies : un stimulus ou plutôt un ensemble de stimulus provoque chez une personne une réaction kinesthésique pénible, et ce de façon automatique et prévisible. Elle voit quelque chose, par exemple elle assiste à une cérémonie religieuse; ce stimulus évoque inconsciemment une image ancienne pénible (l'enterrement de sa mère auquel elle a assisté à l'âge de trois ans) et elle expérimente alors une sensation d'oppression et de tristesse.

$$V^e \rightarrow V^i \text{ (inconscient)} \rightarrow K^i \text{ (pénible)}$$

La technique peut donc être employée chaque fois qu'une personne présente un problème correspondant au schéma ci-dessus. Celle qui a ce type de réaction a appris à ressentir et à se comporter d'une certaine façon à la faveur d'une unique expérience, au cours d'un événement antérieur suffisamment stressant. C'est d'ailleurs une illustration passionnante de la faculté qu'a chaque être humain de mettre en place un apprentissage nouveau en une seule fois. Dès lors, chaque fois qu'un élément quelconque évoquera la situation en question, la personne aura la même réaction. En fait, bien qu'elle possède les ressources qui lui seraient nécessaires pour avoir une réponse souple adaptée au contexte, elle ne les utilise pas.

Grinder compare cette personne à quelqu'un qui, devant une situation donnée, aurait à sa disposition tout un lot de fiches représentant une gamme variée de réponses possibles. Malheureusement, une fiche est plus grande que les autres et dépasse du paquet, si bien que c'est toujours celle que la personne attrape lorsqu'elle plonge la main dans le tiroir. Les analystes transactionnels appellent ce type de réponse un « élastique » car, en tirant dessus, on ramène une situation ancienne.

L'idée que le revécu émotionnel de la scène traumatique d'origine par la personne en état de régression est thérapeutique est largement répandu. Il arrive en effet que cette pratique donne de bons résultats. Assez paradoxalement, on peut dire dans ce cas que la technique réussit dans la mesure où elle échoue : en effet, si la personne avait réexpérimenté la même scène dans les mêmes conditions, elle aurait abouti aux mêmes conclusions et n'aurait fait que renforcer sa réponse originelle. Heureusement, il arrive qu'elle revive les choses un peu différemment et les réévalue d'elle-même grâce à une réorganisation cognitive.

Les thérapeutes qui utilisent le revécu émotionnel connaissent parfaitement l'importance de cette réévaluation. Ainsi, Robert et Mary Goulding, qui pratiquent leur propre intégration de l'analyse transactionnelle et de la Gestalt-thérapie[4], affirment qu'ils ne laissent jamais une personne revivre une scène ancienne pénible sans s'être assurés qu'elle va transformer les conclusions qu'elle en a tirées (c'est ce qu'ils appelent « redécider »).

En PNL, nous appliquons ce principe systématiquement. La partie visuelle ou auditive est dissociée de la partie kinesthésique désagréable, et réassociée à des ressources présentes. Dès lors, la personne a le choix. Nous n'avons pas enlevé la réponse phobique pour la remplacer par une autre, nous lui avons donné la même valence que toute autre réponse possible. Si nous reprenons l'image des fiches de Grinder, nous n'avons pas supprimé la fiche, nous l'avons simplement remise à la même dimension que les autres. De plus, nous avons effectué cette réorganisation avec élégance, en l'occurence rapidement et sans souffrance.

Dans certains cas, une simple dissociation pourrait convenir. La dissociation simple et la double sont des techniques voisines. Ce qu'apporte cette dernière, c'est une protection supplémentaire par rapport à la souffrance, grâce à la seconde dissociation créée par le flottement au-dessus du corps, ainsi qu'un travail de réassurance de la partie enfant qui existe dans la personne. Lorsqu'il s'agit de traiter un traumatisme ancien, cette technique est donc plus indiquée. Dans d'autres cas, dissociation simple ou double peuvent être interchangeables, et il est toujours possible de passer de l'une à l'autre si nécessaire.

Nous ne croyons pas qu'il soit inévitable de souffrir pour changer. La personne qui a subi un traumatisme grave, viol, accident, ou mauvais traitement, a déjà souffert une fois de trop. Nous proposons cette technique comme alternative au travail douloureux.

TRAITEMENT DES PHOBIES : LA DOUBLE DISSOCIATION

1. Ancrer l'expérience négative pour pouvoir la retrouver (ancre P).
2. Etablir une ancre solide (empiler au besoin plusieurs ancres) R (ressources) assurant le confort, la protection et la sécurité du client.
3. En tenant l'ancre R, demander à la personne de se voir sur un écran placé à quelques mètres, juste avant que l'événement traumatique ne se produise, et de laisser cette image fixe momentanément. Ancrer cette dissociation (D1).
4. Lui demander de flotter hors de son corps et de se mettre dans une position telle qu'elle puisse se voir en train de regarder une image d'elle sur l'écran. Ancrer cette deuxième dissociation (D2).
5. En stimulant l'ancre R (ressources) et les ancres D1 et D2 (dissociations), demander à la personne de démarrer le film et de se voir en train de regarder l'écran où se déroule la scène traumatique jusqu'à la fin. Calibrer (le K pénible ne doit pas apparaître).
6. Lorsque le film est terminé, demander à la personne de réintégrer son corps.
7. Lui demander d'établir le contact avec la partie d'elle plus jeune qu'elle était au moment du traumatisme , et de la réconforter jusqu'à ce qu'elle soit complètement rassurée.
8. Lorsque le client indique que l'enfant est rassuré, lui demander de réincorporer cette partie de lui-même en la serrant contre lui (observer les signes d'intégration).

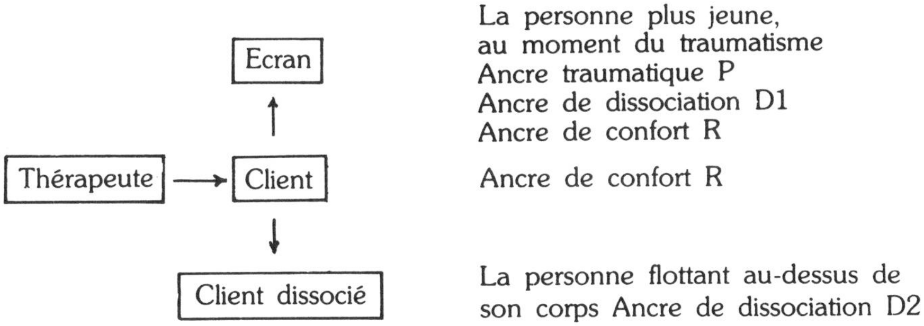

Le changement d'histoire de vie

En pensant à Noël qui approche, Denis se sent triste. Il déteste cette période de fêtes, d'ailleurs il n'aime pas les fêtes en général. Tandis qu'il parle de cette appréhension et du sentiment de tristesse qui l'envahit, Josiane ancre le problème sur son bras gauche : ancre P.

Josiane, la main sur le bras de Denis : Rappelle-toi la dernière fois où tu as ressenti la même chose.

Denis : Eh bien, par exemple à Noël dernier, j'étais seul avec ma femme, elle était malade, et les choses n'allaient pas bien entre elle et moi. Nous n'avons rien fait de particulier. Je pensais qu'il y avait des gens pour qui c'était la fête et je me sentais triste.

Pendant ce temps, les coins de sa bouche tombent encore davantage et des rides se creusent entre ses yeux. Josiane ancre ce premier souvenir sur le pouce de Denis : ancre kinesthésique E1 (première expérience), puis stimule à nouveau l'ancre P.

J. : Retourne encore plus loin dans ton passé, et trouve d'autres circonstances au cours desquelles tu as ressenti la même chose.

D. : J'ai l'impression que ça m'arrive assez souvent quand il y une fête ou une occasion de s'amuser.

J. : Prends le temps de choisir un exemple.

D., au bout d'un moment : Une fois, on avait invité mes parents pour mon anniversaire, c'était vraiment une mauvaise idée...

J. : Quel âge avais-tu ?

D. : C'était la première année de mon mariage, j'avais vingt-deux ans.

Josiane répète « vingt-deux ans » en marquant les mots d'un ton de voix différent (ancre auditive E2).

J. : En quoi est-ce que c'était un mauvaise idée ?

D. : Oh, j'aurais pu me douter que ce serait sinistre puisqu'on n'avait jamais eu une fête réussie à la maison quand j'habitais avec eux !

Denis évoque ensuite un souvenir datant de son adolescence. Josiane l'ancre auditivement (E3) puis, utilisant l'ancre P, lui demande de se souvenir d'une expérience encore plus ancienne.

D., après quelques instants de silence : Oui, je me souviens d'une fois, à Noël, je devais avoir cinq ans, peut-être six. J'avais eu un vélo et j'étais content. Quand ma mère a vu ma joie, elle a fondu en larmes et elle m'a raconté que son petit frère était mort quand il avait mon âge et qu'elle s'en souvenait encore très bien. Je ne savais plus quoi faire, je n'osais pas être content. Je pense qu'elle n'aurait pas dû me dire ça. Je n'y pouvais rien, moi, si son petit frère était mort. C'est drôle, j'avais oublié ça... Je crois que je lui en ai voulu de me gâcher mon plaisir.

Josiane ancre ce dernier souvenir (ancre auditive E4).

J. : Oui, j'imagine, ce n'est pas drôle pour un petit garçon de cinq ans... Reviens ici, en 1983; à ton avis, de quoi aurais-tu eu besoin à l'époque pour pouvoir faire face à la situation ?

D. : Je ne comprends pas ce que tu veux dire.

J. : Je parle d'une ressource personnelle, pas d'une aide extérieure, par exemple être plus créatif ou plus courageux ou avoir davantage confiance en soi, etc...

D. : Eh bien, tu vois, là, en le racontant, je me suis rendu compte que j'étais sans doute en colère contre elle et que ce qui me manquait, c'était le courage de lui dire que ce n'était pas mon affaire et que, même si c'était très triste pour son petit frère, moi j'avais le droit d'avoir un bon Noël et de profiter de ma bicyclette.

J. : C'est vrai. Est-ce que tu te souviens d'une occasion où tu as été courageux, récemment ou dans le passé ?

Denis reste un moment les yeux dans le vague puis il sourit.

D. : Je me souviens d'une fois, en allant à l'école, mon frère avait très peur de passer devant une maison abandonnée, il disait qu'il y avait un fantôme. J'avais peur aussi, mais un jour je lui ai dit : « Arrête de faire le bébé, les fantômes n'existent pas. » J'étais l'aîné, j'avais un certain prestige, il m'a cru. Je me suis senti important et fier, c'était comme si j'avais tué le fantôme.

Au moment où la calibration montre que Denis est pleinement en contact avec la satisfaction due à son courage, Josiane ancre sur son genou droit (ancre R : ressources).

J., en souriant : Braver le fantôme, ça c'est courageux ! Maintenant, retourne à tes cinq ans (utilise le même ton que précédemment) et, tout en restant en contact avec ton courage (main en contact avec R), fais ce que tu as besoin de faire pour te sentir bien avec ton Noël et avec ta bicyclette.

D. : Elle pleure, c'est difficile de me mettre en colère, je ne peux pas lui faire ça !... C'est comme si je me sentais responsable de sa tristesse.

J. : Tu es responsable de ce qu'elle ressent ?

D. : Je sais bien que non, mais je ne sais pas comment me débarrasser de cette impression.

J. : Qu'est-ce que ce serait le contraire de se sentir responsable de maman ?

D. : Etre insouciant. C'est normal d'être insouciant à cinq ans, non ?

J. : Qu'est-ce que tu en penses ?

D. : Je pense que oui.

J. : Bon, est-ce que tu te souviens d'une expérience où tu étais insouciant ?

D. : Je n'ai pas l'impression que ça me soit arrivé bien souvent.

J. : Une fois suffit.

D. : Franchement, je ne vois pas.

J. : Est-ce que tu connais des gens insouciants ?

D. : Oui, bien sûr, mon frère par exemple, il ne se sent pas responsable des problèmes des autres, il suit son petit bonhomme de chemin; pour ça, je l'envie.

J. : Dans quelles circonstances est-il insouciant ?

D. : Par exemple on lui demande un service et il n'a pas envie de le rendre, alors il dit non et ça ne lui pose pas de problème.

J. : Montre-moi comment il fait pour dire non avec insouciance.

Denis a les yeux en haut à gauche, il respire pus profondément, les muscles de son visage se détendent, sa voix monte d'un ton.

D. : Il dit « Non, je n'ai pas le temps » ou « Je n'ai pas envie de le faire ».

Josiane empile la ressource sur le genou de Denis.

J. : Bien, maintenant, emmène toutes tes ressources, retourne à tes cinq ans et fais ce qu'il faut pour que la situation soit satisfaisante pour toi.

D. : Oui, je vais lui dire ce que je pense... « Maman, je comprends que tu sois triste pour ton petit frère, mais moi, je ne le connais pas, alors je vais aller m'amuser avec la bicyclette parce que je suis bien content de l'avoir. » Je me sens drôlement content de lui avoir dit ça, c'est comme si j'étais plus léger.

J. : Est-ce qu'il y a encore quelque chose que tu as à lui dire ?

D. : Non, je me sens bien avec ça.

Josiane, stimulant auditivement l'ancre correspondante, demande ensuite à Denis d'évoquer l'expérience de son adolescence.

J. : Est-ce que, avec le courage et l'insouciance, tu as les ressources nécessaires pour changer cette situation à ton avantage ?

D. : Non, je ne crois pas, il me semble que j'ai besoin d'avoir de bons arguments et de les présenter bien, je veux dire sans laisser tomber au premier refus ou surtout à la première larme de ma mère, et aussi sans me mettre en colère parce que ça pourrait braquer papa.

J. : Cette ressource-là, ça s'appelle l'affirmation de soi ou l'assertivité. J'ai une collègue qui dit qu'être assertif, c'est négocier en n'étant « ni hérisson ni paillasson ». Est-ce que c'est ça la ressource dont tu as besoin ?

D. : Tout à fait.

J. : Bon, alors est-ce que tu te souviens d'avoir déjà fait ça ?

D. : Je crois que je le fais souvent dans mon boulot, c'est avec les gens qui me sont proches que je ne sais pas.

Josiane pose alors un moment à ancrer cette ressource qu'il n'utilise que dans le domaine professionnel, et aide Denis à l'installer dans le contexte où il en aurait eu besoin. Lorsqu'il a changé la situation de façon à ce qu'elle le satisfasse pleinement, Josiane procède de la même manière avec les autres souvenirs chargés de tristesse.

Après avoir parlé avec lui de ce qu'ils viennent de faire ensemble, Josiane lui demande de faire une expérience pour vérifier l'efficacité de ce qui a été accompli. Aucune ancre n'est stimulée.

J. : Reviens maintenant au Noël de tes cinq ans et imagine la scène. Tu n'as pas besoin de me la raconter, fais-le pour toi-même.

Denis ferme les yeux. Les différentes caractéristiques que Josiane a observées tout au long du travail — respiration, tonus musculaire, couleur de la peau, expression du visage, etc. — montrent que Denis se remémore la scène telle qu'il l'a modifiée. Il ouvre les yeux et sourit.

J. : Bien, tu es satisfait ?

D. : Oui, tout à fait.

J. : OK. Fais la même chose avec le souvenir d'adolescence.

Denis procède de la même façon, et encore une fois, la calibration montre qu'il est en contact avec le souvenir modifié. Il en va de même pour les autres situations qui sont testées l'une après l'autre.

Josiane établit ensuite un pont entre le passé et le futur.

J. : Ce que tu vas faire maintenant, Denis, c'est imaginer que tu es plus vieux de quelques mois... Nous sommes en décembre, tu vois ce que je veux dire ?

D. : J'ai l'impression que c'est bientôt Noël !

J. : C'est ça, tu as deviné, comment est-ce que tu passes le réveillon ?

Denis ferme les yeux pendant quelques minutes, il a la tête

posée sur le dossier du fauteuil, les muscles de son visage et de son corps sont détendus, il respire largement et lentement, les coins de sa bouche se relèvent légèrement. La calibration est un mélange de ce que Josiane a pu observer au cours des séquences où il trouvait et appliquait les différentes solutions satisfaisantes.

D., ouvrant les yeux : Je me suis vu à la maison avec des amis et avec ma femme, j'étais bien avec elle... Je suis content de ce que j'ai fait ! Cela me donne envie de mettre de l'énergie pour résoudre le problème que j'ai avec elle.

Dans les techniques précédentes, les problèmes que nous avions traités étaient circonscrits à des situations spécifiques. Dans d'autres cas, un problème peut être plus diffus, chronique et s'être généralisé à plusieurs domaines de la vie d'une personne. Nous sommes alors en présence d'une chaîne entière d'expériences renforçantes qui prend souvent son origine dans l'enfance de l'individu.

C'est ce qui correspond à la notion de scénario de vie. La personne a vécu une expérience traumatique lors de son enfance et a fait face à celle-ci en prenant une décision de survie qu'elle a généralisée (du type « plus jamais je ne ferai confiance à un homme/à une femme/ne montrerai ce que je ressens », etc.). Les expériences qui suivront plus tard dans sa vie seront autant d'occasions de réaffirmer la décision ancienne et les comportements correspondants. Le scénario d'une personne se compose ainsi d'une ou plusieurs chaînes organisées autour de thèmes clés.

Dans de tels cas, nous utilisons la technique de changement d'histoire de vie. Nous reprenons les principales expériences qui constituent ces chaînes, et nous les changeons une à une. Nous remontons ainsi facilement jusqu'à la période située entre trois et six ans. Si notre évaluation développementale nous indique que le problème est antérieur, nous pouvons recourir à des techniques d'hypnose pour aller plus loin, mais ce n'est généralement pas nécessaire.

Lorsque, comme Denis dans notre exemple, une personne emploie beaucoup de verbes au passé et de généralisations, on peut penser qu'elle connaît le problème depuis longtemps et qu'il est lié à un bon nombre d'expériences plus ou moins anciennes. Une simple désactivation d'ancres risquerait de n'être pas efficace; en ne changeant que sa réaction, on ne prend pas en compte les nombreuses images souvenirs qui parasitent la personne. Par contre, en traitant les unes après les autres les situations passées, on établit une chaîne de ressources nouvelles et de souvenirs aidants.

Il se peut qu'en procédant ainsi nous n'ayons affaire qu'à des souvenirs-écrans, et que, selon la théorie psychanalytique, la « vraie » dynamique sous-jacente demeure inchangée. C'est peut-être le cas, mais comme nous constatons que nos clients changent suite à ce type d'interventions, il nous semble que cela vaut la peine de reconsidérer l'intérêt qu'il y a à travailler sur de tels souvenirs.

En fait, nous créons ensemble un seconde histoire afin que l'intéressé, qui a alors un éventail de choix plus large, se comporte avec davantage de flexibilité.

Dans un de leurs livres[5], Grinder et Bandler écrivent : « Votre histoire sert de fondation à toutes vos capacités et à toutes vos limitations. Dans la mesure où vous n'avez qu'une seule histoire, vous avez seulement un jeu de possibilités et un jeu de limitations, et nous croyons vraiment que chacun d'entre nous mérite davantage qu'une seule histoire personnelle sur laquelle s'appuyer. Plus vous avez d'histoires personnelles, plus vous avez le choix. »

Un être humain n'agit pas directement sur la réalité, mais sur la représentation qu'il en a. S'il existe des clés pour ouvrir les portes du changement, cette distinction en est sans doute une, et comme l'exprime le sorcier Don Juan, héros des romans de Castaneda, « on ne peut parvenir à la totalité de soi-même que lorsqu'on comprend définitivement que le monde n'est qu'une représentation, que ce soit celle de l'homme ordinaire ou celle du sorcier[6] ».

L'objection selon laquelle les souvenirs créés ne sont pas aussi utiles que les autres parce qu'ils ne sont pas »vrais« n'est pas fondée. Tous nos souvenirs, quels qu'ils soient, sont des constructions, et nous agissons à partir de celles-ci. Il n'est donc pas plus fallacieux de créer des souvenirs qui nous permettent d'agir aujourd'hui de façon satisfaisante, que de continuer à nous limiter en agissant à partir d'une représentation ancienne qui nous bloque dans un comportement stéréotypé et inadéquat.

LE CHANGEMENT D'HISTOIRE DE VIE

1. Ancrer le sentiment désagréable/pénible/problématique. Utiliser une ancre kinesthésique : P (problème).
2. Stimuler l'ancre P pour aider la personne à trouver une expérience récente au cours de laquelle elle a ressenti le sentiment en question.
3. Utiliser à nouveau P pour l'aider à trouver trois à six expériences de plus en plus anciennes au cours desquelles elle a connu le même sentiment. Pour chaque expérience :

a) Demander à la personne quel était son âge.
b) Ancrer (ancre auditive ou kinesthésique) : E1, E2, E3, E4, etc.

4. Ramener la personne à l'ici et maintenant.
5. Utiliser l'ancre correspondant à l'expérience la plus ancienne (par exemple E6) et demander de quelle(s) ressource(s) elle aurait eu besoin pour que les choses se passent de façon satisfaisante pour elle. Mettre la personne en contact avec cette ou ces ressource(s) et ancrer (empiler s'il y en a plusieurs) : ancre R (ressources).
6. Stimuler l'ancre R et l'ancre correspondant à l'expérience spécifique (E6) pour lui permettre de revivre l'expérience en utilisant la ou les ressource(s) et en changeant l'histoire de façon à ce qu'elle devienne satisfaisante pour elle.

   Si la personne a du mal à changer l'histoire, la ramener à l'ici et maintenant, et la mettre en contact avec une ou des ressource(s) supplémentaire(s) (ancrer cette/ces nouvelle(s) ressource(s) en la/les empilant sur R). Retourner à E6 et changer l'histoire.
7. Procéder pareillement pour les expériences successives (E5, E4, E3, etc.).

8. Ayant changé toutes les expériences passées, tester le travail en demandant à la personne de se les remémorer les unes après les autres sans utiliser les ancres, vérifiant ainsi que les souvenirs ont bien été changés (qu'ils ne sont plus attachés au sentiment pénible).
9. Généraliser le changement en demandant à la personne d'imaginer une situation future ressemblant à E1, E2, etc., sans utiliser d'ancre.

10
Le recadrage

Les choses ne changent pas. Tu changes ta façon de regarder, c'est tout. (Don Juan à Carlos)

C. CASTANEDA

Le sens que nous accordons à un événement dépend essentiellement du cadre dans lequel nous le percevons. Lorsque nous changeons le cadre, nous changeons le sens. Un de nos collègues raconte l'histoire suivante.

Dans une résidence universitaire souffle un vent de révolte : l'administration a fait vérifier l'identité des visiteurs, ce que les étudiants prennent pour une intrusion abusive dans leur vie privée. Un peu plus tard, la nouvelle se répand qu'au cours de la semaine précédente plusieurs viols ont eu lieu. La vérification cesse alors d'être considérée comme répressive et apparaît comme protectrice .

Les faits sont les mêmes, pourtant leur signification s'est transformée. Un axiome de base de la communication est qu'*un signal n'a de sens qu'en fonction du cadre ou du contexte dans lequel il se situe.* Entendre des bruits de pas dans une rue passante en plein jour est une expérience banale, les mêmes bruits de pas dans un appartement désert la nuit, c'est tout autre chose.

Beaucoup d'histoires drôles ont aussi le recadrage pour ressort comique.

Un vieil homme meurt. Au ciel, il rencontre un de ses amis avec une très jolie fille sur les genoux. Surpris, il demande :

« C'est ta récompense ?

— Non, dit l'autre avec tristesse, je suis sa punition. »

Deux représentants sont envoyés dans une région reculée d'Afrique pour y prospecter le marché de la chaussure. Arrivé à pied d'œuvre, l'un deux câble à son entreprise : « Marché inexistant; ici personne ne porte de chaussures », l'autre : « Fantastique marché potentiel, envoyer stock d'urgence ».

Le recadrage est aussi à la base du processus de créativité. Le créatif est celui qui est capable de prendre un élément, de l'isoler et de l'installer dans un autre contexte; la vapeur qui soulève les couvercles peut aussi propulser les pistons et faire avancer les trains.

En thérapie, le recadrage est une intervention qui a pour but de changer la réponse interne d'une personne devant un comportement ou une situation, en modifiant le sens qu'elle lui accorde. Alors que le travail d'ancrage traité dans le chapitre précédent vise à transformer les représentations sensorielles construites par un individu, et constitue donc, en ce sens, un changement de premier ordre, le recadrage ne touche pas à l'expérience sensorielle elle-même, mais à sa signification. Ce qu'on modifie là, ce sont les étiquettes linguistiques qui donnent son sens à une expérience : il s'agit donc d'un changement de second ordre.

Jean-Paul se considérait comme un mauvais père parce qu'en rentrant le soir du travail, il avait l'habitude de crier pour faire taire ses enfants. Nous lui avons proposé un recadrage tenant compte de son cadre de référence : « J'imagine que ce que tu veux, c'est te reposer et retrouver de l'énergie pour repartir le lendemain et, si tu travailles si dur, c'est pour leur assurer une existence meilleure que celle que tu as eue quand tu étais petit. Est-ce que je me trompe ? » A la suite de cette intervention, Jean-Paul a cessé de se considérer comme un mauvais père et il a trouvé, sans l'avoir cherché consciemment, de meilleurs moyens de faire régner le calme dans la maison lorsqu'il était fatigué.

Le recadrage fait partie des interventions de base de toutes les thérapies brèves; on le retrouve dans le travail de thérapeutes comme Jay Haley, Paul Watzlawick ou Virginia Satir.

« Recadrer veut dire changer le point de vue conceptuel et/ou le vécu émotionnel qui est attaché à une situation donnée en la plaçant dans un autre cadre qui convient aussi bien ou même mieux. Elle prend ainsi une toute autre signification[7]. » La conséquence en est que, bien souvent, le comportement considéré auparavant comme problématique disparaît.

Parmi les techniques de thérapies brèves, la prescription de symptôme ou l'injonction paradoxale, qui amènent une personne à envisager différemment une même situation, peuvent également être comprises comme des interventions de recadrage. Si on transforme le comportement dont quelqu'un veut se débarraser en un comportement qu'il s'engage à accomplir, la signification donnée à ce comportement s'en trouve profondément modifiée. D'autres techniques, notamment en thérapie familiale, se proposent de changer effectivement le contexte matériel dans lequel les comportements inappropriés prennent place. Erickson, par exemple, pouvait demander à un couple venu le consulter pour mésentente de continuer à se disputer comme avant, mais dans un autre lieu ou à un autre moment de la journée.

Dans la mesure où, dans le domaine psychologique, ce n'est pas la réalité qui change, mais la manière dont nous l'envisageons, le recadrage est le prototype même de l'action thérapeutique. Pour reprendre les paroles d'Epictète, « ce ne sont pas les choses elles-mêmes qui nous gênent, mais les opinions que nous en avons. » Amener un client à concevoir une situation sous un autre angle ou à prendre d'autres facteurs en considération revient à recadrer les événements pour qu'il y réponde autrement.

Le recadrage du contenu

Cette forme de recadrage — contrairement à celles que nous aborderons un peu plus loin — suppose que l'intervenant possède des informations sur la personne et sur le problème qu'elle lui soumet. On peut recadrer le contenu de deux manières : soit en donnant un sens nouveau au comportement présenté comme problématique, c'est le recadrage du sens, soit en trouvant un contexte dans lequel il serait approprié, c'est le recadrage du contexte.

Le recadrage du sens

Il a pour but d'attacher une nouvelle réponse à une expérience sensorielle donnée en redéfinissant le sens de cette expérience.

Au cours d'une séance thérapeutique, Michel se plaint d'avoir des images qu'il qualifie de malsaines et de morbides lorsqu'il se sert d'un objet dangereux, par exemple sa tondeuse à gazon. Il imagine un de ses enfants avec un bras coupé ou n'importe quelle autre catastrophe. Il attribue ces images à l'influence de sa mère qui était une personne anxieuse, et veut s'en débarrasser.

Josiane lui demande s'il a déjà eu un accident avec une machine dangereuse. Ce n'est pas le cas. Elle lui dit alors qu'elle pourrait l'aider à ne plus avoir ces images, mais qu'elle a des scrupules à le faire car il est bien possible qu'elles constituent précisément le système de sécurité qui le prévient des accidents éventuels et lui permet d'utiliser ces objets avec prudence. Michel reste un moment sans répondre, sur son visage passent des expressions diverses, puis il se détend. Quelques instants plus tard, lorsque Josiane lui demande s'il désire toujours se débarrasser des images, Michel déclare qu'il pense qu'effectivement elles peuvent lui être utiles, et qu'il préfère les garder. Elles disparaissent d'elles-mêmes quelque temps plus tard, sans qu'il sache pourquoi.

Virginia Satir est une grande utilisatrice du recadrage. En attribuant une valeur positive à toutes les facettes d'un même individu, elle change la façon dont il les perçoit. Si une personne se dit autoritaire, Virginia lui propose d'apprécier cette partie d'elle-même qui est capable de faire prévaloir son point de vue lorsqu'elle le juge nécessaire. Si elle se croit machiavélique, Virginia l'engage à se réjouir de pouvoir faire des plans élaborés pour le futur. Le défaut devient ainsi une qualité que le sujet peut exploiter à bon escient.

Contrairement à l'assertion selon laquelle « les faits sont têtus », nous pensons qu'ils sont d'une grande plasticité et que, dans la plupart des cas, ils ont d'abord la signification qu'on veut bien leur donner. Aucun comportement n'a de sens en soi, on peut lui en attribuer une multitude. Les informations les plus objectives n'échappent pas à cette constatation, comme l'illustrent les adversaires politiques qui, en s'appuyant sur les mêmes chiffres, tirent des conclusions opposées.

Recadrer le sens d'un comportement revient donc à changer l'équivalence complexe « X prouve Y », établie par la personne. Si le recadrage est accepté, « X prouve Z ».

> Un jour, Leslie Bandler a dans son cabinet une « ménagère compulsive »; elle passe son temps à astiquer la maison et particulièrement à aspirer son tapis pour qu'il n'y ait aucune trace de pas. Dès que les poils ne sont plus dans le même sens, elle expérimente une sensation extrêmement désagréable et se précipite sur l'aspirateur. Bien entendu, le tapis est un élément de discorde primordial dans la famille.
>
> Leslie lui propose de fermer les yeux et de voir le tapis parfaitement propre et moelleux avec ses poils bien en place. Au moment où la cliente montre les signes de la plus grande satisfaction, elle poursuit : « Et réalisez que cela signifie que vous êtes seule, complètement seule, ceux que vous aimez sont loin de vous. » Les signes de satisfaction disparaissent immédiatement pour laisser place à une expression d'anxiété. Leslie reprend alors : « Maintenant, mettez quelques traces de pas sur ce tapis. Cela signifie que les vôtres sont près de vous. »

Dans cet exemple, Leslie a effectué un double recadrage en changeant deux équivalences complexes :

1. Tapis propre = Tout va bien (la cliente se sent bien).

devient

Tapis propre = Je suis toute seule.

2. Tapis avec marques = Quelque chose n'est pas en ordre (la cliente se sent mal).

devient

Tapis avec marques = Ceux que j'aime sont avec moi.

On remarquera également que la phrase : « Et réalisez que cela signifie que vous êtes seule... » à l'instant où la cliente voit le tapis propre et expérimente une sensation agréable constitue une désactivation d'ancres.

La publicité et le marketing mettent eux aussi à profit ce type de recadrage qui consiste à donner un sens différent à un fait, comme l'illustre Jacques Séguéla, le concepteur publicitaire de la campagne présidentielle de François Mitterrand. En réfléchissant à la manière de mieux tirer parti de ce que les adversaires de son client présentent comme des points faibles, il écrit : « On le dit vieux, il deviendra sage... On le dit perdant, il sera tenace... Si on le dit littéraire, c'est qu'il est passionné...[8] »

On retrouve là le principe de base du recadrage : trouver l'éclairage opportun qui permettra de transformer en un atout ce qui peut être perçu comme une limitation. Le communicateur efficace a besoin de savoir placer des cadres différents autour d'une situation et de savoir comment passer de l'un à l'autre.

Recadrage du contexte

Aucun comportement n'est utile ou inutile en soi, et chacun peut avoir sa place quelque part. Trouver où, c'est faire un recadrage de contexte.

Un jour, Virginia Satir a dans son cabinet une famille de trois personnes : le père, un homme qui a acquis une position sociale enviable à la force du poignet, est furieux; il se plaint que sa femme, une personne timide et effacée, a bien mal élevé leur fille de treize ans. Elle est têtue comme une mule. En fait, Virginia constate que, bien que la jeune fille donne raison à sa mère, elle se conduit comme son père.

Après avoir congratulé ce dernier pour sa réussite professionnelle et souligné qu'il la doit sans aucun doute à sa ténacité (ce à quoi il acquiesce sans réserve), elle le félicite d'avoir su transmettre cette capacité à sa fille : « C'est un cadeau sans prix que vous avez fait à votre fille, vous lui avez appris comment se tenir sur ses deux jambes et comment se montrer têtue. Cela peut lui être très utile. Imaginez l'intérêt de ce cadeau quand elle se trouvera face à un homme nourrissant de mauvaises intentions à son égard.

Dans cet exemple, Virginia part du modèle du monde du père de famille, un modèle où la vie est dure et où il faut lutter pour arriver à quelque chose. Dans un tel monde, la ténacité est une qualité bien utile; or, il a su la transmettre à sa fille et elle pourra ainsi se défendre des assauts éventuels de messieurs mal intentionnés. Là aussi, Virginia tient compte des convictions du père qui n'est sans doute pas homme à plaisanter avec les bonnes mœurs. Elle a ainsi trouvé où le comportement a sa valeur. Elle a commencé par se synchroniser sur son attitude et sur son point de vue, obtenant son accord sur le fait qu'il est un homme tenace et que c'est grâce à cela qu'il a réussi dans la vie. Ensuite, elle a pu procéder à un recadrage du contexte qui tienne compte, lui aussi, de son modèle du monde. On remarquera qu'elle a effecuté au passage un recadrage du sens de « têtu » puisque, désormais, il s'agit d'une qualité précieuse transmise par le père et non d'un défaut agaçant dû à une mauvaise éducation de la mère.

De manière générale, on emploie le recadrage de sens lorsqu'une personne affirme qu'un certain comportement prouve quelque chose de négatif sur elle, les autres ou la vie dans son ensemble. D'un point de vue linguistique, elle formule une équivalence complexe.

« Quand mes enfants font leurs devoirs à la va-vite, je vois bien qu'ils vont rater leurs études. »

Dans ce cas, nous proposons une autre équivalence, en amenant par exemple la personne à réaliser que, si ses enfants se dépêchent de faire leurs devoirs, ils acquièrent la faculté de travailler rapidement, ce qui leur rendra service dans leurs études à venir.

Nous avons recours au recadrage de contexte lorsque quelqu'un déclare qu'il veut changer quelque chose chez lui ou chez les autres. C'était le cas de l'exemple que nous venons de traiter : « Ma fille est trop têtue » (généralisation comparative).

Nous repérons alors la suppression : dans quel contexte la fille est-elle trop têtue ?, et nous en suggérons un dans lequel le comportement est utile. Face à une situation évaluée comme négative, la question est : Quand, où, en quoi et pour qui ?

Quand il s'agit de recadrage de contenu — sens ou contexte — le message doit être présenté avec beaucoup d'attention. Tout d'abord, il est nécessaire de suivre la personne sur son terrain en faisant de la synchronisation verbale et non verbale et, fréquemment, de la synchronisation sur le contenu du discours. C'est seulement lorsqu'elle se sent comprise que le recadrage peut être proposé. Il est alors important de procéder de façon parfaitement congruente (ton, emphase) et d'agir en fonction du cadre de référence du destinataire. En effet, le recadrage ne sera accepté que s'il lui paraît au moins aussi valable et logique que sa croyance initiale. C'est en observant attentivement la réponse non verbale de notre interlocuteur que nous pouvons savoir si le but est atteint. La calibration montre souvent une réaction de surprise suivie d'un moment de détente. Il est bien entendu possible de vérifier en demandant directement à l'intéressé ce qu'il en pense. Dans ce cas, nous regardons tout de même les indicateurs non verbaux qui accompagnent la réponse. C'est la calibration qui prouve si le recadrage a été accepté, plus que le contenu du discours.

Le modèle des parties

« D'un côté, une partie de moi a envie de cela, alors qu'une autre se dit que je ferais mieux de... »

Chacun de nous a déjà vécu cette expérience, et c'est à partir de ce genre de constatation que certaines approches considèrent la personnalité humaine comme étant constituée de plusieurs parties qui peuvent coopérer pour servir au mieux les intérêts de la personne ou entrer en conflit les unes avec les autres au détriment de l'individu qui se sent alors tiré dans des directions opposées. L'intervention thérapeutique consiste à travailler à l'harmonisation de ces différentes facettes internes, tout comme le thérapeute familial apprend aux membres d'une famille vivant sous le même toit à communiquer entre eux, à régler les désaccords et à apprendre à négocier au bénéfice de la famille entière.

On trouve cette notion de parties dans le courant d'approches orientées vers la psychologie du moi. C'est le cas du travail de Paul Federn et de son concept d'états du moi. Pour lui, un état du moi se compose d'un ensemble de comportements, d'expériences et de perceptions liés entre eux par un principe commun et séparés des autres états du moi par une frontière.

Eric Berne, père de l'analyse transactionnelle, a fait de ce concept une des pierres angulaires de son approche. L'originalité de son apport est d'avoir posé une division de la personnalité en trois états, le Parent, l'Adulte et l'Enfant, qui peuvent travailler à l'unisson ou entrer en conflit[10]. Le point d'opposition se situe alors généralement entre le Parent et l'Enfant, et c'est l'Adulte qui servira de médiateur.

Plus récemment, les psychiatres américains John et Helen Watkins ont repris cette démarche dans leur approche baptisée « thérapie des états du moi ». Le sujet est placé en état d'hypnose, et le thérapeute appelle la ou les partie(s) du client responsable(s) du problème et dialogue avec elle(s) pour trouver des solutions[11].

Au rang des approches employant le modèle des parties, citons encore la Gestalt-thérapie[12] — pour qui les différentes instances de la personnalité entretiennent souvent entre elles une relation de polarité —, le travail de Virginia Satir[13], ainsi que la psychosynthèse et son concept de sub-personnalité[14].

En ce qui nous concerne, nous ne croyons pas qu'un être humain soit réellement composé de parties. Pour nous, il n'a pas plus de Parent, d'Adulte ou d'Enfant qu'il n'a de surmoi, de moi, de ça ou de n'importe quoi d'autre du même ordre, quel que soit le nom que l'on donne à ces parties. Nous prenons ces concepts dans leur acceptation métaphorique, c'est-à-dire comme des façons de parler, des constructions permettant de rendre compte de certains phénomènes et d'avoir un impact sur eux. Nous travaillons dans un cadre dans lequel nous ne pouvons que dire : « Tout se passe comme si... »

Bien que tel ait été le souhait de leurs auteurs, ces concepts n'ont d'ailleurs jamais reçu de validation scientifique, et ni la neurologie ni la biologie actuelles ne permettent d'affirmer la réalité de ces constructions, ce qui n'enlève toutefois rien à leur utilité.

Dans les techniques de recadrage que nous avons décrites jusqu'ici, il était nécessaire, pour intervenir, de connaître le contenu du problème soumis par la personne, et d'avoir quelques informations sur son modèle du monde. Le recadrage peut être également utilisé avec efficacité en tenant compte uniquement de la structure du problème, indépendamment de son contenu. Dans ce cas, nous faisons appel au modèle des parties.

Le recadrage des parties est une technique de base pour traiter les interférences : chaque fois qu'une personne voudrait faire quelque chose et n'y parvient pas, on peut dire qu'une partie d'elle-même interfère avec son intention, qui peut être par exemple de perdre du poids, d'arrêter de fumer ou de travailler régulièrement. Il y a donc deux ou plusieurs parties d'elle-même qui sont en désaccord.

Supposons qu'une personne désire travailler davantage (appelons X la partie qui s'est fixé ce but), mais n'y arrive pas parce qu'une autre partie la pousse à se lever tard le matin ou lui donne des envies de promenade quand elle est à sa table de travail (appelons-la Y). On constate que les deux parties, bien que poursuivant apparemment des buts antagonistes, ont néanmoins un objectif commun qui est d'assurer à la personne un équilibre de vie satisfaisant. A un méta-niveau, elles contribuent à son bien-être.

Dans ces conditions, nous pouvons dire que celle qui interfère, bien qu'elle soit souvent présentée comme négative par la personne, est certainement une partie intéressante qui sert une fonction positive. Mettre à jour la bonne intention et trouver un cadre plus large dans lequel elle va pouvoir se réaliser sans gêner les autres parties est l'essence même de ce type de recadrage.

L'intervention change la façon dont une partie s'intègre dans le système entier, et transforme le blocage en coopération : X et Y poursuivent le même but. Nous exposons ici deux procédures de travail : le recadrage en six points et la négociation entre parties.

Le recadrage en six points

Le principe en est simple : *il existe une différence entre un comportement et la fonction qu'il remplit. Même si le comportement pose problème, l'intention est positive.*

La démarche du recadrage en six points consiste à séparer l'intention du comportement, et à trouver d'autres options qui rempliront la même fonction aussi bien, si ce n'est mieux.

Nous l'utilisons lorsqu'une personne veut changer quelque chose et n'y parvient pas. Nous définissons la situation en disant qu'une partie d'elle-même s'y oppose. Bien entendu, c'est cette partie qui a le contrôle de la situation, sinon la personne ferait déjà ce qu'elle a décidé de faire.

Nous considérons que cette partie a une fonction positive pour l'équilibre général de notre client, et nous le lui disons. C'est déjà un recadrage : la partie vue jusque-là comme responsable d'une attitude gênante essaie en fait d'accomplir quelque chose de positif. Il reste alors à trouver comment satisfaire cette fonction par d'autres moyens.

Monique se plaint d'avoir souvent des maux de tête et déclare vouloir s'en débarrasser. Elle a de jeunes enfants et, lorsqu'elle souffre, c'est son mari qui s'en occupe. Josiane propose à Monique d'établir le contact avec cette partie d'elle-même qui occasionne des migraines.

Josiane : Je suis convaincue que cette partie de toi qui provoque les maux de tête a certainement une intention positive à ton égard. C'est pourquoi je ne ferai rien pour provoquer un changement qui ne lui conviendrait pas. Installe-toi confortablement et centre-toi sur toi. Tu vas poser une question à cette partie et être attentive à ce qui se passe en toi, à n'importe quel signal qu'elle pourra t'envoyer : image, son ou sensation quelconque dans ton corps. La question est la suivante : « Est-ce que la partie qui provoque ma migraine accepte de communiquer avec moi ? »

En affirmant, dès le début, que cette partie a une intention positive, Josiane rend la coopération plus facile. La partie responsable de la manifestation indésirable est plus volontiers prête à communiquer si elle est acceptée d'avance. C'est ce qui se passe avec Monique. Cette partie donne un signal « oui » dont Monique est consciente (une contraction au niveau de l'estomac) et un deuxième signal »oui« dont elle n'est pas consciente (un léger mouvement du majeur de la main gauche).

J. : Remercie cette partie qui a accepté d'entrer en communication avec toi, et demande-lui si elle est d'accord pour te dire ce qu'elle essaie de faire pour toi en produisant ces maux de tête.

Encore une fois, Monique ressent une contraction à l'estomac, et son majeur bouge légèrement.

J. : Demande-lui quelle est cette intention positive.

Monique, au bout d'un moment : C'est de me reposer et de ne pas faire ce que je n'ai pas envie de faire.

J. : Très bien. Maintenant, tu vas demander à cette partie si elle serait d'accord pour essayer d'autres solutions que le mal de tête, d'autres solutions qui marcheraient aussi bien, ou même mieux.

Monique fait signe que oui. A ce stade, Josiane s'assure qu'elle est consciente d'avoir une partie créative.

J. : Nous possédons tous une partie en nous capable de créer des choses belles ou utiles, d'arranger un bouquet de fleurs, d'inventer une recette de cuisine ou de trouver de nouvelles solutions pour résoudre les différents problèmes de la vie quotidienne.

L'observation montre que Monique (qui aime faire la cuisine et arranger les bouquets) est d'accord avec ce qu'elle dit. Josiane poursuit.

J. : Demande à cette partie de toi qui produit les maux de tête de communiquer sa fonction positive à ta partie créative. De cette façon, elle pourra imaginer plusieurs options qui seraient au moins aussi efficaces pour te permettre de te reposer et ne pas faire ce que tu n'as pas envie de faire... Lorsqu'elle les aura trouvées, demande à la partie qui produit les maux de tête d'en choisir au moins trois qui lui conviennent bien. Peut-être est-ce que tu sauras quelles sont ces solutions, peut-être que non. Et ça n'a aucune importance. Ce qui est important, c'est que la partie qui occasionne les maux de tête ait reçu le message. Demande-lui de produire le signal »oui« lorsque ce sera fait. Et maintenant, tu vas laisser du temps à ta partie créative pour trouver ces différentes solutions.

Au bout d'un moment, Monique déclare qu'elle a reçu le signal « oui », ce qui est vérifié par le léger mouvement du majeur.

M. : Une des solutions m'est venue à l'esprit, mais je ne sais pas ce que sont les deux autres.

J. : C'est très bien comme ça, fais confiance à ton inconscient.

M. : L'idée qui m'est venue, c'est que je pourrais demander à mon mari de faire plus de choses, me reposer quand je suis fatiguée, et aussi que je n'ai pas besoin de me croire obligée de faire ce qui ne me plaît pas.

J. : Eh bien, nous allons vérifier si la partie de toi qui produit le mal de tête est d'accord pour essayer ces comportements nouveaux. Demande-lui si elle veut bien prendre la responsabilité de les appliquer à l'essai pendant quatre semaines, lorsqu'elle jugera que c'est approprié. Si ces solutions lui conviennent, elle pourra continuer à les utiliser, sinon elles se manifestera au bout de ce laps de temps.

Après un instant, Monique donne le signal « oui ».

J. : Remercie ces parties de leur collaboration et demande-leur de rester silencieuses pour un moment... Tu vas maintenant demander à toute autre partie de toi qui aurait une objection à l'application de l'une ou l'autre des trois solutions de bien vouloir se manifester. Sois attentive à tout signal qui pourrait être la manifestation d'une objection.

M., après un instant de silence : Je ne ressens rien de particulier, il n'y a pas d'objection.

Dans le cas où une partie manifeste son désaccord lorsque nous posons cette dernière question, nous prenons contact avec elle, et nous procédons à un nouveau recadrage. Nous établissons son intention positive et cherchons des moyens de la satisfaire. Le recadrage n'est terminé que lorsqu'il n'y a plus d'objection à l'essai des options alternatives.

Dans la plupart des somatisations, on peut supposer qu'il y a des bénéfices secondaires. Ici, ils sont évidents. Lorsque Monique a mal à la tête, elle se sent incapable de faire face aux tâches ménagères, et c'est son mari qui s'occupe des enfants. Il est donc nécessaire de prendre soin de ces bénéfices. Si nous ne le faisions pas, le résultat serait sans doute de courte durée.

Lorsque la partie qui produit les maux de tête accepte de communiquer l'intention positive, Josiane prend soin de la reconnaître comme valide : « Très bien, maintenant... »

Un peu plus tard, elle met à profit ce qu'elle sait de la vie de Monique en citant des activités qui lui sont familières, ce qui lui permet d'entrer facilement en contact avec sa partie créative : « Nous avons tous une partie capable de créer des choses belles et utiles... »

Ensuite, lorsqu'elle demande à la partie créative d'imaginer des solutions nouvelles, elle donne la permission à cette partie de ne pas les communiquer consciemment. Ceci permet à Monique de rester disponible; elle n'a pas de performances à accomplir, et tout va bien même si elle a l'impression de ne rien trouver.

A la suite de cette intervention, Monique rapporte qu'elle n'a plus de maux de tête, elle ne sait pas quelles sont les solutions alternatives qu'elle emploie, mais se déclare contente du résultat.

Pour faire un recadrage de processus en six points, il est important de suivre le modèle formel (voir encadré). Il évite les impasses et, plus particulièrement, il comporte une vérification écologique protectrice. Celle-ci permet de conserver au système sa cohérence globale, en évitant le choix de comportements alternatifs néfastes ou qui ne seraient pas en accord avec l'équilibre général du système.

Il est parfois difficile de reconnaître une fonction positive à certains comportements. C'était le cas pour nous lors d'un entretien que nous avons eu avec un jeune schizophrène au cours d'un séjour professionnel dans une communauté thérapeutique américaine qui traite cette pathologie[15]. Avant d'être accueilli dans ce lieu, il s'était lacéré la peau plusieurs fois à coups de rasoir. Comment trouver une fonction positive à un comportement aussi morbide ? Pourtant, après un temps d'entretien, il nous expliqua que ces moments de mutilation avaient été pour lui les seuls où il éprouvait quelque chose dans son corps et où il se sentait vivant.

Nous pensons que des comportements aussi bizarres, fous ou préjudiciables qu'ils soient, servent une fonction positive à l'intérieur du cadre qui les génère (ce qui ne les rend pas acceptables pour autant lorsqu'ils compromettent la vie d'un individu).

Dans le cas cité, la fonction positive sous-jacente au comportement du garçon a été reconnue par l'équipe thérapeutique et satisfaite par des moyens non dangereux : chaque jour, lui était proposée une longue séance de stimulations corporelles vigoureuses sous forme de tapotements, pétrissage et massage de tout le corps, en complément de son traitement psychothérapeutique.

LE RECADRAGE EN SIX POINTS

1. Identifier le comportement à changer :
   - □ La personne veut faire X et n'y arrive pas,

   ou
   - □ Elle veut arrêter de faire X et n'y arrive pas.
2. Etablir le contact avec la partie responsable du comportement indésirable. Pour cela :

a) Demander à la personne :
   - □ De se poser la question : « Est-ce que cette partie de moi qui est responsable de X accepte de communiquer avec moi à un niveau conscient ? »
   - □ D'être attentive à tout signal interne V, A, K qui surviendrait en réponse à cette question.

   (Tout au long de la procédure, l'intervenant énonce à son client les questions que celui-ci va se poser ensuite à lui-même.)

b) Etablir la signification oui/non du signal en lui demandant d'augmenter pour oui et de diminuer pour non (ou vice versa).

3. Séparer l'intention positive du comportement. (Ce comportement n'est qu'une manière de réaliser cette fonction positive.)
a) « Demande à cette partie qui produit X si elle accepte de te faire savoir à un niveau conscient ce qu'elle essaie de faire pour toi » (ou quelle est son intention positive).
b) Si la réponse est oui, le client demande à cette partie de communiquer son intention.

Si la réponse est non, l'intervenant effectuera un recadrage au niveau inconscient, en présupposant une intention positive.
c) « Demande à la partie X si elle serait d'accord pour essayer d'autres moyens, s'il en existe, qui marchent aussi bien, sinon mieux, pour accomplir cette fonction. »
4. Si oui, prendre contact avec la partie créative de la personne et lui demander de générer des comportements nouveaux qui rempliront la fonction positive.
a) Demander à l'intéressé s'il sait qu'il a une partie créative. Si la réponse est non, ancrer des expériences de créativité.
b) « Demande à cette partie qui est responsable de X de communiquer sa fonction à la partie créative et à ta partie créative de trouver d'autres comportements pour remplir cette fonction, sélectionnes-en trois qui soient au moins aussi bons que X, et donne un signal oui lorsque ce sera fait. »
5. Le client demande à la partie à l'origine de X si elle est d'accord pour prendre la responsabilité d'utiliser ces trois comportements dans le contexte approprié.
6. Vérification écologique : « Y a-t-il une partie de toi (autre que celle à qui on s'est adressé jusque-là, qui a une objection à l'utilisation de l'un ou l'autre des trois nouveaux comportements ? » L'intervenant reste attentif à tout signal oui/non. S'il y a une réponse oui, il reprend au n° 2.

La négociation entre parties

Dans le recadrage en six points, nous partons de la supposition qu'une partie de la personne l'empêche d'agir comme elle le désire ou la pousse à faire ce qu'elle ne veut pas faire.

Dans certains cas, il peut être plus efficace d'envisager la difficulté comme venant du conflit entre deux ou plusieurs parties.

Prenons l'exemple d'une personne qui dépense facilement l'argent qu'elle gagne : elle s'offre des vacances, s'achète des objets qui lui plaisent, etc. D'autre part, elle a envie de s'acheter une maison et désire faire des économies. La première partie peut être appelée « dépensière » et la seconde « économe ». Lorsque cette personne dépense tout ce qu'elle a gagné, l'économe est mécontente, lorsqu'elle renonce à un achat ou à un voyage, c'est la partie dépensière qui est frustrée.

Les deux parties ont chacune une fonction utile, mais elles n'arrivent pas à faire leur travail aussi bien qu'elles le pourraient si elles avaient un accord pour définir leurs prérogatives réciproques.

La négociation entre parties offre la possibilité d'organiser l'expérience d'une personne pour l'aider à résoudre un problème, lorsque deux parties entrent en conflit et se gênent mutuellement pour mener à bien leurs tâches respectives. Dans notre exemple, si la personne avait des remords lorsqu'elle dépense et se sentait en paix lorsqu'elle économise, une seule partie interférerait avec le but de l'autre, et ce modèle ne serait pas adéquat ; nous utiliserions alors le recadrage en six points.

> Lorsque Caroline décide de faire du rangement ou du secrétariat domestique, elle se trouve dix raisons de s'occuper plus agréablement à la place : elle a soif, et une petite tasse de thé lui fera le plus grand bien, il ne fait pas beau si souvent dans la région parisienne, il vaut mieux en profiter tout de suite et aller se promener, pour une fois qu'il y a un bon film à la télé, etc.
>
> Par contre, le jour où elle décide de se reposer, elle est assaillie de remords : les papiers de sécurité sociale traînent depuis une semaine, elle n'a pas répondu à une lettre urgente, le frigidaire est complètement vide, il faut aller faire des courses, etc.

Une partie d'elle veut qu'elle travaille, l'autre veut lui assurer sa part de loisir, et elle est non moins nécessaire à son équilibre.

Dans la mesure où chacune des deux parties est gênée par l'autre dans son fonctionnement, il est possible de négocier un accord. Nous demandons à la partie travailleuse de Caroline : « Est-ce que ta fonction est assez importante pour que tu acceptes de laisser la partie insouciante accomplir sa tâche, et ceci bien sûr à condition qu'en échange elle accepte de ne pas t'interrompre ? »

Nous procédons de même avec la partie insouciante.

En formulant ainsi la proposition, c'est en laissant l'autre fonctionner que chaque partie valide sa propre importance. Il y a donc de grandes chances pour qu'elles acceptent. C'est ce qui se passe pour Caroline. Les deux parties s'engagent à ne pas se gêner mutuellement, et ceci pour une durée de deux mois.

Dans l'exemple, ce laps de temps est suffisant pour que le problème se pose à nouveau, mais pas assez long pour que les parties se sentent prisonnières de leur accord. Il s'agit d'un essai. S'il est concluant, il pourra être prolongé ou même adopté définitivement, sinon chacune des deux parties pourra revenir à son fonctionnement antérieur.

En PNL, nous ne retirons pas de comportements, nous en ajoutons, et nous faisons l'hypothèse que la personne qui a le choix utilisera celui qui est le plus satisfaisant pour elle.

Nous vérifions ensuite s'il n'y a pas d'autres parties de Caroline qui seraient impliquées dans cette négociation. Caroline reste un moment silencieuse, rien ne change dans sa physionomie ni dans son attitude corporelle. Elle déclare que non.

Avec ce type de négociation, nous supprimons le conflit. Si nous admettons que ces deux parties servent une fonction positive, elles ont alors un but commun, ne serait-ce qu'au niveau le plus général, le bien de la personne.

Notre présupposition est qu'il est possible qu'elles atteignent leurs objectifs respectifs. Pour beaucoup d'entre nous, travailler et se ménager des moments de loisir, économiser et dépenser ne sont pas vus comme des comportements inconciliables, et nous sommes capables de les mener à bien chacun à leur tour.

Lorsque notre client s'engage dans ce travail, nous pensons également qu'il n'a pas besoin de décider explicitement et consciemment des prérogatives de l'une et l'autre. Cette réorganisation peut se faire à un niveau inconscient.

LA NÉGOCIATION ENTRE PARTIES

1. Poser à la partie qui est interrompue dans son fonctionnement (partie X) les questions suivantes :
a) Quelle est ta fonction positive ?
b) Quelle(s) partie(s) t'interromp(ent) ? (Parties Y, etc.)
2. Poser les mêmes questions à Y :
a) Quelle est ta fonction positive ?
b) Est-ce que X t'empêche parfois de fonctionner ?
3. Si chaque partie interfère avec le fonctionnement de l'autre, il est possible de négocier un accord. (Si tel n'est pas le cas, utiliser un autre modèle de recadrage.)
a) Demander à Y si sa fonction est suffisamment importante pour qu'elle accepte de ne pas interrompre X si X accepte de faire de même.
b) Demander à X si elle accepterait de ne pas interrompre Y si Y ne l'interrompait pas.
4. Demander à chacune des deux parties si elles s'engagent à se conformer à cet accord pendant un certain temps (spécifier la durée).

Si l'une des deux parties manifeste un désaccord quelconque, il est nécessaire de renégocier.

5. Vérification écologique :
   - □ Y a-t-il une ou plusieurs parties impliquées dans ce processus ?
   - □ Y a-t-il une ou plusieurs parties qui interrompent ou qui utilisent ces interruption ?

Si oui, renégocier avec elles.

Le recadrage dans les systèmes

Lorsque nous procédons à un recadrage, quelle que soit sa forme, nous vérifions qu'il est accepté par la personne entière, autrement dit nous vérifions l'écologie interne. L'individu est alors considéré comme un système. Nous nous assurons que les nouveaux comportements et les nouvelles croyances n'interfèrent pas avec d'autres aspects de son fonctionnement. C'est ce qui rend le recadrage efficace.

Néanmoins, une telle méthode ne garantit pas obligatoirement que le changement soit en accord avec les besoins et les désirs des autres membres du groupe social dont la personne fait partie, par exemple sa famille ou l'organisation dans laquelle elle travaille. Il arrive qu'à la suite d'une thérapie de l'un de ses deux partenaires, certains couples divorcent et, en thérapie familiale, il est courant de voir un autre membre de la famille développer des symptômes lorsque le « patient désigné » va mieux.

Si la personne désire préserver l'existence et la stabilité d'un système auquel elle appartient, il est parfois judicieux d'envisager un recadrage du système lui-même, dans la mesure où c'est possible. Dans cette optique, il faudra prendre en compte chacun des sujets qui le composent.

Trouver un cadre commun

Qu'il s'agisse de couples, de familles, d'entreprises ou de services dans une administration, nous avons besoin de déterminer l'objectif commun à tous les membres du système. Chaque fois que nous questionnons quelqu'un à propos du but qu'il poursuit lorsqu'il manifeste le comportement qui pose problème, nous élargissons le contexte dans lequel s'inscrit ce comportement. Nous avons ainsi beaucoup plus de chances de trouver un terrain d'entente. En fait, nous passons d'un cadre à un autre plus large, un méta-cadre, en cherchant un dénominateur commun aux comportements des partenaires. Si le nouveau cadre dans lequel nous définissons la situation n'est pas assez large pour que le consensus soit général, nous montons encore d'un cran dans un méta-méta-cadre, jusqu'à parvenir au plus grand dénominateur possible.

> Le responsable d'un service social harcèle les personnes qui sont sous ses ordres en leur faisant une guerre farouche à propos de la moindre minute de retard. Dans son service, le taux de rotation et l'absentéisme sont très importants.
>
> Interrogé sur le but qu'il poursuit en étant aussi pointilleux, il déclare que la ponctualité est le signe de l'intérêt que les employés portent à leur travail.

Sa déclaration est reformulée ainsi : « Si je comprends bien, ce qui est important pour vous, c'est que les personnes qui travaillent dans votre service s'intéressent à ce qu'elles font. »

Il acquiesce, et les employés eux aussi sont d'accord pour trouver que c'est une exigence acceptable.

Dans ce cadre nouveau, il a été possible de déterminer d'autres moyens de s'assurer de la motivation du personnel.

Pour un couple, le but minimum nécessaire pour arriver à un accord peut être le désir de poursuivre la relation, pour une organisation, la volonté d'augmenter le chiffre d'affaires ou de le maintenir.

L'étape qui consiste à obtenir un accord de tous les membres sur un but défini est essentielle; elle permet d'établir le méta-cadre dans lequel travailler.

Certains thérapeutes essuient des échecs pour avoir voulu trouver trop vite des solutions; les membres du système continuent à formuler des objections, et la négociation n'avance pas.

Si, par contre, on a pu déterminer un but qui intéresse tous les membres, il sera possible d'aboutir à des solutions alternatives aux comportements qui posent problème.

Nous l'élargissons alors davantage en cherchant « le but du but », en reposant la même question : « Et quel est ton objectif en poursuivant ce but ? ». Nous pouvons demander ceci plusieurs fois jusqu'à ce que l'objectif satisfasse les partenaires impliqués dans la négociation. Voici un exemple en thérapie de couple :

Thérapeute : Quel est ton but en restant silencieux quand ta femme est en colère après toi ?

Mari : Je cherche à rester calme.

Thérapeute : Et quel est ton but quand tu veux rester calme ?

Mari : Je ne veux pas envenimer les choses.

Thérapeute : Pourquoi veux-tu éviter cela ?

Mari : Eh bien, je tiens à elle, je veux une bonne relation avec ma femme.

A ce point, la femme déclare qu'elle aussi veut une bonne relation avec lui. Il est alors possible de poursuivre.

Parfois, l'un des deux partenaires refuse l'idée de solutions alternatives et déclare que seul le comportement problématique peut lui procurer ce qu'il veut. Dans la mesure où il est rare qu'un seul comportement soit susceptible de remplir une fonction donnée, nous serons attentifs aux motivations cachées et nous poserons des questions claires pour éviter les impasses. Il arrive, en effet, que l'une des personnes n'ait pas réellement envie de trouver un accord : l'un des conjoints a déjà décidé de divorcer et n'ose pas le dire, ou l'un des partenaires de l'entreprise a établi des plans ailleurs. Il est alors inutile de continuer.

TROUVER UN CADRE COMMUN

1. Demander à chacun des membres du système ce qu'il veut (son but) et reformuler afin d'obtenir son accord sur la reformulation.
2. Demander à chacun des membres du système ce que cet objectif lui donnera (son méta-but).
3. Trouver un but commun à tous les membres de façon à ce que, lorsqu'il est formulé, chacun des membres soit d'accord avec, par exemple : « Alors, ce que vous voulez tous les deux (tous les trois, etc.), c'est X... »

Application en thérapie de couple

Lorsqu'un des membres d'un couple envoie un message qui suscite une réaction négative chez son partenaire, il est intéressant de vérifier si le message que l'émetteur désirait envoyer et celui qui a été reçu sont bien identiques.

Pierre rentre chez lui et annonce à sa femme : « Je suis épuisé. » Le visage d'Hélène change, elle tourne le dos et ne répond pas. Interrogé sur la signification de son message, Pierre dit qu'il veut que sa femme sache qu'il a besoin de réconfort et d'attention. Hélène comprend : « Ne m'approche pas, j'ai envie qu'on me laisse tranquille. » Les malentendus sont courants, et s'ils sont répétitifs, on peut repérer le stimulus qui provoque la réponse négative et interrompre l'interaction.

Dans le cas présent, nous nous adressons d'abord à Hélène : « Est-ce qu'il t'arrive souvent de ressentir la même chose que dans cette situation ? ». La réponse est « Oui ». Nous poursuivons : « Qu'est-ce que tu comprends quand il dit ça ? »

Hélène : Je comprends qu'il veut être seul, qu'il veut que je le laisse tranquille.

Nous demandons ensuite à Pierre si c'était bien ça qu'il voulait qu'Hélène comprenne. La réponse est « Non ». Nous posons alors la question : « Quel était ton but ? » ou « Quelle réaction attendais-tu ? »

Pierre : Je voulais au contraire qu'elle s'occupe de moi.

A ce point, le recadrage est effectué. « Je suis épuisé » ne signifie plus « Laisse-moi tranquille », mais « Occupe-toi de moi ».

Si nous voulons que l'effet soit durable, nous allons aider le couple à communiquer plus efficacement à l'avenir.

Nous demandons à Pierre : « Est-ce que ton besoin d'attention est suffisamment important pour que tu sois prêt à faire ce qu'il faut pour te faire comprendre clairement ? »

Pierre acquiesce. Nous lui demandons alors s'il y a des moments où obtient facilement l'attention d'Hélène.

Pierre : Oui, il y a des moments où cela ne pose aucun problème.

Nous obtenons alors de lui une description de la façon dont il s'y prend dans ces moments-là et nous lui proposons de nous en faire la démonstration en direct.

Pierre, s'approchant de sa femme : Hélène, je me sens fatigué, je suis content d'être rentré. Ce qui me ferait plaisir, c'est que tu t'occupes un peu de moi, tu veux bien venir t'asseoir ici ?

Hélène lui sourit et fait ce qu'il lui demande.

Si Pierre n'avait pas su quoi faire, nous aurions pu l'inviter à imaginer ce que ferait quelqu'un qui obtient facilement l'atention de sa femme (un homme qu'il connaît, un personnage fictif, etc.), ou bien nous aurions demandé à Hélène quelle attitude de Pierre déclencherait chez elle le comportement qu'il souhaite en lui proposant d'être aussi spécifique que possible : posture, expression du visage, mots, ton de la voix, etc. Puis, elle nous aurait aidé à modeler ce comportement chez Pierre.

Les choses ne se présentent pas toujours ainsi. La scène suivante est racontée par un couple qui la décrit comme répétitive.

Jean-Michel rentre chez lui et s'assied devant la télévision.

Cécile, en criant : C'est toujours la même chose, tu ne m'aides jamais, je fais tout ici.

Jean-Michel se fige et ne desserre plus les dents.

Thérapeute : Que comprends-tu quand elle dit ça ?

Jean-Michel : Qu'elle est furieuse après moi.

T. à C. : Est-ce que c'est vrai ?

C. : Oui, c'est tout à fait ça.

Cette fois-ci, le message envoyé et le message reçu sont identiques.

T. : Bon, au moins vous communiquez clairement.

T. à C. : Quand tu fais savoir à Jean-Michel que tu es en colère après lui, qu'est-ce que tu veux obtenir ?

C. : Je veux qu'il m'aide, c'est la preuve que je suis importante pour lui et qu'il m'aime.

T. : Alors, si je comprends bien, lorsque tu cries, tu lui dis : « Montre-moi que tu m'aimes parce que c'est très important pour moi ».

C. : Oui, c'est vrai.

Comme pour Pierre et Hélène, le recadrage porte sur la signification du comportement.

T. à J.-M. : Même si ce que tu ressens est désagréable et si la forme du message ne te convient pas, est-ce que tu es intéressé par ce qu'elle essaie de te dire ?

J.-M. : Oui.

En cherchant l'intention positive qui est derrière la colère, nous avons recadré le comportement de Cécile. Désormais, pour elle et pour Jean-Michel, la colère a une signification différente, et dans ce cadre nouveau, Jean-Michel est prêt à coopérer. Nous pouvons alors les aider à mettre en place une interaction plus satisfaisante.

T. à C. : Est-ce que tu t'engages à te faire comprendre de façon à obtenir ce qui est important pour toi ?

C. : Oui, je suis d'accord.

Nous procédons alors comme pour Pierre et Hélène, et nous les amenons à trouver quels comportements de Cécile déclencheraient la réponse souhaitée chez Jean-Michel.

LE RECADRAGE DE COUPLE

1. Identifier un stimulus (X) provoquant une réponse négative (Y) chez le partenaire. L'interrompre.
2. Demander au destinataire du message :
   a) Est-ce que ces sentiments (Y) te sont familiers?
   b) Qu'est-ce que tu comprends quand il (elle) fait (dit) X ?
3. Demander à la personne qui a initié l'interaction :
   a) Est-ce que c'est Y que tu voulais obtenir en faisant (disant) X ?
   b) Qu'est-ce que tu voulais faire (dire) ?
   c) Est-ce que tu es motivé pour te faire comprendre clairement ?
4. Trouver un moyen pour que le message reçu soit le même que celui qui est envoyé :
   a) Dans l'expérience de l'émetteur du message : « Est-ce que tu as déjà obtenu la réponse que tu souhaitais ? Qu'est-ce que tu avais fait ? »
   b) Dans l'expérience du destinataire : « Quel comportement provoquerait chez toi la réponse désirée ? »
   c) Dans l'expérience d'un modèle réel ou imaginaire : « Trouve un modèle. »

Dix idées clés

1. **La carte n'est pas le territoire.**
   Bien que le monde soit réel, nous n'opérons pas directement sur cette réalité. Chacun de nous construit sa vision du monde, et celle-ci diffère d'un individu à l'autre.

2. **Une personne fait le meilleur choix parmi ceux qui lui paraissent possibles.**
   Le comportement humain est cohérent avec le modèle du monde dont il découle, et une personne fait le meilleur choix parmi ceux dont elle est consciente.

3. **Plus on a de choix, mieux ça vaut.**
   Dans une situation donnée, c'est la personne qui a la plus grande marge de manœuvre qui prend le contrôle. Ayez plusieurs cordes à votre arc !

4. **On ne peut pas ne pas communiquer.**
   Qu'on parle ou qu'on se taise, et qu'on le veuille ou non, tout comportement est une communication.

5. **Rencontrer l'autre dans son modèle du monde.**
   Pour établir et maintenir le rapport avec un interlocuteur, commencez par le rencontrer sur son propre terrain.

6. **Le niveau inconscient de la communication est le plus important.**
Dans un entretien, c'est le niveau inconscient de la communication qui détermine le tour que prend la relation.
7. **La signification d'un message est donnée par la réaction qu'il suscite.**
En matière de communication efficace, le résultat compte plus que l'intention. C'est la réaction de votre interlocuteur qui vous renseigne sur l'impact réel que vous avez sur lui.
8. **Les êtres humains sont toujours plus complexes que les théories qui les décrivent.**
Les théories sont à double tranchant. Ne réduisez pas une personne à une explication.
9. **Les ressources sont dans la personne.**
Quelque part dans son histoire, un individu possède les ressources dont il aurait besoin aujourd'hui.
10. **Le cadre dans lequel une situation est perçue détermine le sens qu'on lui accorde.**
On peut aborder une situation sous des angles différents, changez le cadre pour changer le sens.

De nouvelles perspectives

« Puissent-ils être entendus ! » C'est le vœu que formulait Gregory Bateson à propos de Grinder et Bandler dans sa préface à leur premier ouvrage, *La Structure de la magie*. Il est aujourd'hui réalisé. La PNL fait l'objet d'une quinzaine de livres traduits en plusieurs langues. Aux Etats-Unis d'abord, puis maintenant en Europe, de nombreux professionnels se sont formés à sa pratique, et des milliers de clients utilisent leurs services.

En hommage aux deux hommes et à leur travail de pionniers, nous terminerons ici par le texte qui ouvrait leur livre.

Le prince et le magicien[16]

Il était une fois un jeune prince qui croyait en tout, à l'exception de trois choses. Il ne croyait pas aux princesses, il ne croyait pas aux îles, il ne croyait pas en Dieu. Son père, le roi, lui avait dit que tout cela n'existait pas.

Un jour, le prince s'enfuit de son château et partit pour le pays voisin. Là, à sa stupéfaction, de la côte où il se trouvait, il vit des îles, et sur ces îles, d'étranges et troublantes créatures qu'il hésitait à nommer. Alors qu'il était à la recherche d'un bateau, un homme vêtu d'une grande robe s'approcha de lui sur la grève.

« Est-ce que ces îles sont réelles ? demanda le jeune prince.

— Bien sûr que ce sont des îles réelles, répondit l'homme vêtu de la robe.

— Et ces créatures étranges et troublantes ?

— Ce sont toutes d'authentiques princesses bien réelles.

— Alors, Dieu doit aussi exister ! s'écria le jeune prince.

— Je suis Dieu », répliqua l'homme vêtu de la robe en s'inclinant pour saluer.

Le jeune homme retourna chez lui aussi rapidement qu'il put.

« Ainsi, te voilà de retour ? dit le roi son père.

— J'ai vu des îles, j'ai vu des princesses, j'ai vu Dieu », lui dit le prince d'un ton plein de reproches. Le roi demeura impassible.

« Il n'y a pas d'îles réelles, pas plus que de princesses ou de vrai Dieu.

— Je les ai vus.

— Dis-moi comment Dieu était habillé.

— Dieu était vêtu d'une grande robe.

— Est-ce que ses manches étaient retroussées ? »

Le prince se souvint qu'elles l'étaient. Le roi sourit.

« C'est la tenue d'un magicien. Tu as été trompé. »

A ces mots, le prince repartit dans le pays voisin, revint sur la même plage où, de nouveau, il trouva l'homme vêtu de sa longue robe.

« Mon père le roi m'a dit qui vous êtes, dit le prince avec indignation. Vous m'avez trompé la première fois, mais vous ne m'aurez pas cette fois-ci. Maintenant, je sais que ces îles que l'on voit ne sont pas réelles et ces princesses non plus, car vous êtes un magicien. »

L'homme de la plage sourit.

« C'est toi qui as été trompé, mon garçon. Dans le royaume de ton père, il y a de nombreuses îles et de nombreuses princesses, mais tu es sous l'influence d'un sort qu'il t'a jeté, et tu ne peux pas les voir. »

Pensif, le prince retourna chez lui. Quand il vit son père, il le regarda dans les yeux.

« Père, est-ce vrai que vous n'êtes pas un vrai roi, mais seulement un magicien ? »

Le roi sourit et retroussa ses manches.

« Oui, mon fils, je ne suis qu'un magicien.

— Alors, l'homme sur l'autre rivage était Dieu !

— L'homme de l'autre rivage était un autre magicien.

— Je dois connaître la vérité, la vérité qui est derrière la magie.

— Il n'y a pas de vérité au-delà de la magie », dit le roi.

Le prince était plein de tristesse. Il dit : « Je vais me tuer. »

Usant de magie, le roi fit apparaître la mort. Elle se tenait dans l'embrasure de la porte et fit signe au prince. Le prince frissonna.

Il se souvint de ces îles superbes bien qu'irréelles, et de ces princesses, irréelles peut-être mais superbes.

« Très bien, dit-il, je crois que j'ai compris la leçon.

— Tu vois, mon fils, dit le roi, toi aussi maintenant tu es en train de devenir un magicien. »

Organisation de la pratique professionnelle

En France, l'Association Francophone des certifiés en PNL (NLPNL) regroupe la plupart des enseignants certifiés et des instituts :

NLPNL
8 rue du Faubourg-Poissonnière
75010 Paris
Tél./fax : 01 69 01 62 66

Les auteurs dirigent respectivement l'Institut Français de PNL (Josiane de Saint Paul) et l'École de PNL francophone (Alain Cayrol) :

IFPNL
21, rue Sébastien Mercier
75015 Paris
Tél. : 01 45 75 30 15 Fax : 01 40 58 11 60
www. ifpnl. fr

EPNL
N° vert 08000 36 000
Fax : 04 76 22 06 40
www. epnl-pro. com

Ces deux organismes proposent des formations qui conduisent aux certifications internationales, à Paris, ainsi que dans diverses villes de France et du monde francophone.

Glossaire

Ancrage Processus qui consiste à associer une réaction interne à un stimulus externe de façon telle qu'il soit possible de reproduire la réaction rapidement et à volonté en utilisant le stimulus.

Auditif Qui se réfère à la faculté d'entendre, à l'ouïe.

Bénéfices secondaires Les aspects positifs qui résultent d'un comportement ou d'une situation apparemment négatifs ou problématiques.

Calibration Processus qui consiste à repérer les indicateurs comportementaux associés à un état interne afin de pouvoir utiliser cette information plus tard.

Conduire Consiste à changer un paramètre dans l'attitude ou le comportement de l'interlocuteur pour vérifier si le rapport est établi. Si c'est le cas, il est possible de prendre l'initiative de l'interaction.

Congruence Signifie que les différents comportements (macro et micro) et les stratégies d'une personne sont en accord et sont tous orientés vers le même but. Lorsque deux ou plusieurs parties ou programmes d'un individu sont en désaccord ou en conflit, ce désaccord se manifeste par des comportements qui ne sont pas orientés vers le même but. Il y a incongruence dans la façon dont il se comporte (par exemple, il dit « oui » en déplaçant la tête de gauche à droite).

Distorsion L'un de nos trois processus universels de création de modèles, celui par lequel certains éléments d'une ensemble/d'une situation se trouvent représentés autrement qu'ils seraient censés l'être. Une des distorsions les plus fréquentes introduites dans le langage est celle de la transformation d'un processus et un événement, ce qu'on appelle une nominalisation. Au niveau de l'expérience sensorielle, la distorsion se caractérise par une déformation introduite dans les perceptions ou par une extrapolation à partir de celles-ci.

Ecologique Qui est cohérent avec le fonctionnement global d'une personne ou d'un système et respecte son équilibre.

Etat désiré Objectif recherché par le client.

Etat présent Etat dans lequel le client se trouve au moment où il vient consulter.

Flexibilité Aptitude à ajuster son comportement en fonction du but qu'on se fixe.

Généralisation Un des trois processus universels de modélisation. C'est celui par lequel une expérience spécifique se trouve étendue jusqu'à représenter une catégorie entière dont elle n'était qu'un élément.

Gustatif Qui se réfère au goût ou au sens du goût.

Information basée sur l'observation sensorielle Ce qu'on peut voir, entendre ou toucher par opposition à ce qu'on imagine. C'est le contraire de l'impression subjective.

Kinesthésique Qui se réfère aux sensations corporelles. En PNL, K est utilisé pour évoquer tous les sentiments, émotions et sensations (tactiles ou viscérales).

Modelage de l'excellence Consiste à mettre à jour ce que fait spécifiquement une personne dans un domaine où elle excelle et à installer cette compétence chez une autre. Ce modelage se fait sur quatre axes : les comportements observables, les stratégies, les systèmes de croyances et les caractéristiques du langage.

Modèle/modélisation La représentation de quelque chose/le processus de représentation de quelque chose : une carte, par exemple. Ce processus implique les trois phénomènes de distorsion, généralisation, sélection.

Olfactif Qui se réfère à l'odorat.

Partie Locution métaphorique pour désigner, chez une personne donnée, un ensemble de pensées, sentiments et comportements orientés vers le même but.

Pont avec l'avenir Moyen de transférer dans le cadre de la vie quotidienne les compétences acquises grâce aux techniques de PNL.

Prédicats Ce sont les mots (verbes, adverbes et adjectifs) qui évoquent un processus. En PNL, on les observe pour identifier le système de représentation qu'une personne utilise à un moment donné.

Quadruplé Système de notation de l'expérience sensorielle : < VAKO ≥; V pour visuel, A pour auditif, K pour kinesthésique et O pour olfactif et gustatif.

Rapport Etablir le rapport, c'est mettre en place un climat de confiance et de coopération dans la relation à l'autre. En PNL, le rapport est obtenu principalement grâce à la synchronisation verbale et non verbale.

Recadrage Intervention qui consiste à changer la réponse interne d'une personne devant un comportement ou une situation en modifiant le sens qu'elle lui accorde.

Recherche transdérivationnelle Processus par lequel la personne cherche dans ses souvenirs et les représentations mentales stockées dans sa mémoire pour trouver l'expérience de référence correspondant à une situation donnée.

Sélection Un des trois processus de création de modèles, celui par lequel nous retenons certaines portions de notre environnement et en excluons d'autres. Dans le langage, la sélection est le processus transformationnel par lequel certaines portions de la structure profonde sont supprimées et par conséquent n'apparaissent pas au niveau de la structure de surface.

Stratégie Séquence de représentations organisées en une unité fonctionnelle qui opère automatiquement, la plupart du temps en deçà du seuil de conscience de la personne.

Structure profonde C'est la représentation linguistique complète de laquelle la structure de surface est dérivée.

Structure de surface La phase écrite ou parlée.

Synchronisation Méthode utilisée pour établir rapidement le contact avec un interlocuteur en reproduisant certains de ses comportements, attitudes et processus de pensée.

Synesthésie Processus qui consiste à transformer une information codée dans un système de représentation en la codant dans un autre, par exemple le circuit V/K dans lequel une personne ressent quelque chose à partir de ce qu'elle voit. Les quatre systèmes principaux peuvent être liés entre eux dans n'importe quelle combinaison.

Systèmes de perception Les cinq sens : vue, ouïe, toucher (et sensations), goût et odorat.

Systèmes de représentation Constitués des mêmes paramètres que les systèmes de perception, ils nous permettent de construire de façon interne notre expérience de la réalité sous forme d'images (V), de sons (A), de sensations (K), d'odeurs et de saveurs (O).

Système de représentation principal Le système qu'une personne emploie le plus souvent, le plus facilement et le plus consciemment pour organiser son expérience. Il détermine certains traits de caractère et influence les capacités d'apprentissage.

Traduction Processus qui consiste à reformuler ce que dit une personne en utilisant des prédicats choisis dans un autre système que celui qu'elle a employé.

Vérification de l'écologie Consiste à s'assurer qu'un changement positif dans un domaine n'a pas de conséquences négatives dans un autre.

Visuel Qui se réfère à la vision ou au sens de la vue.

Notes et références bibliographiques

LE CADRE DE LA PNL

L'approche et ses auteurs

1. J. Grinder et R. Bandler, *Frogs into Princes,* Moab (Utah), Real People Press, 1979. Traduit en français sous le titre *Les secrets de la communication,* Montréal, Le Jour Ed., 1982.
2. C'est ce que semblent confirmer les études publiées aux Etats-Unis ces dernières années à propos des nouvelles approches thérapeutiques. Voir à ce sujet M. Lieberman, A. Morton, I.-D. Yalom et M. Miles, *Encounter Groups : First Facts,* New York, Basic Books Inc., 1973.
3. A la différence d'une psychothérapie dont l'objet est d'aider une personne à passer du mal-être au bien-être, la démarche d'évolution personnelle vise le passage du bien-être au mieux-être. Elle démarre donc souvent là où se termine une psychothérapie et propose un « plus ». En fait, il est rare que ces domaines soient aussi tranchés, et c'est pourquoi de nombreux groupes s'intitulent « groupes de thérapie et d'évolution personnelle » et proposent un travail sur ces deux registres.

Les fondements de la PNL

4. J. Grinder et R. Bandler, *The Structure of Magic,* vol. 1, Palo Alto (Californie), Science and Behavior Books, 1975.
5. A. Korzybski, *Selections from Science and Sanity,* New York, International Non-Aristotelian Library, 1948.
6. Pour un développement de ce concept, voir : J. Schiff, *Cathexis Reader,*

New York, Harper and Row, 1975; J. Piaget, *La construction du réel chez l'enfant,* Paris, Delachaux et Niestlé, 1963; G. Kelly, *The Psychology of Personal Constructs,* New York, W.W. Norton, 1955; H. Foerster, « Notes pour une épistémologie des objets vivants », in E. Morin et M. Piatelli-Palmarini, *L'unité de l'homme,* Paris, Le Seuil, 1974.
7. A. Korzybski, *Selections from Science and Sanity, op. cit.*
8. 9. 10. J. Grinder et R. Bandler, *The Structure of Magic, op. cit.*
11. K.-H. Pribam, *Reinforcement Revisited : A Structural View in Symposium and Motivation,* University of Nebraska, 1963.
12. E. Berne, *Que dites-vous après avoir dit bonjour ?* Paris, Tchou, 1972. Voir également R. Erskine, « Le circuit du sentiment parasite » in *Actualité en Analyse Transactionnelle,* vol. 3, n° 12, octobre 1979.
13. P. Watzlawick, J. Beavin et D. Jackson, *Une logique de la communication,* Paris, Le Seuil, 1972.
14. J. Grinder et R. Bandler, *The Structure of Magic, op. cit.*
15. W.-R. Ashby, *Introduction à la cybernétique,* Paris, Dunod, 1965.

CONCEPTS ET OUTILS DE BASE

L'expérience sensorielle

1. La PNL n'est pas une approche « intellectuelle », opposée à d'autres qui seraient émotionnelles ou corporelles. La dimension émotionnelle est prise en compte par le vecteur kinesthésique. La particularité de l'approche est de considérer l'émotion comme une forme de représentation : c'est parce que nous avons une mémoire que nous pouvons ressentir, et celle-ci est une fonction de notre cerveau et de notre système nerveux. Grâce à la mémoire, nous stockons les informations (représentations) qui nous permettent d'expérimenter le présent. Tout comme les représentations visuelles, auditives, olfactives ou gustatives, les émotions n'existent que par notre mémoire : « Ce que vous appelez l'émotion, c'est la mémoire. C'est juste le souvenir de ce qui est agréable ou désagréable. En simplifiant, c'est ça : ce qui est lié à l'ambiance dans laquelle vous avez appris à connaître un certain nombre d'éléments de votre environnement. Sans apprentissage, pas d'émotions. » (H. Laborit, entretien in *Psychologie,* n° 145, mars 1982). En matière d'émotions, la particularité de la PNL est de travailler directement sur l'organisation cérébrale permettant celle-ci. Dans le domaine des techniques de travail corporel, citons la passionnante approche de Moshe Feldenkrais, qui repose sur le même principe.

L'observation

2. Feedback : aller-retour d'un message émetteur/récepteur/ émetteur avec rétroaction et auto-régulation de l'information échangée.
3. Propos d'Erickson rapportés in Lankton et Lankton, *The Answer Within,* New York, Brunner Mazel, 1983.
4. Concept forgé par E. Berne, père de l'analyse transactionnel le. Voir *Des jeux et des hommes,* Ed. Stock, 1975. Sur la notion de séquence répétitive, voir également « Séquences de comportements OK et non OK » in T.

Kahler, *T.A. Revisited,* Little Rock (Arkansas), Human Development Publication, 1978.
5. J. Grinder, R. Bandler et J. Delozier, *Patterns of Hypnotic Techniques of Milton Erickson,* vol. 2, Cupertino (Californie), Meta Publications, 1977.
6. Synesthésie : processus qui consiste à transformer une information codée dans un système en la codant dans un autre de façon automatique. Les voyelles de Rimbaud « A noir, E blanc, I rouge, U vert, O bleu » offrent une illustration poétique de la transformation d'une information par son passage d'un système dans un autre.
7. G. Bateson, *Reality and Redundancy,* 1975.
8. G. Bateson, *Steps to an Ecology of Mind,* New York, Ballantine Books, 1972. Traduit en français sous le titre *Vers une écologie de l'esprit,* Paris, Le Seuil, 1977.

La communication réactive
9. P. Watzlawick, J. Beavin et D. Jackson, *Une logique de la communication,* Paris, Le Seuil, 1972.
10 La catatonie est une forme de schizophrénie caractérisée par une apathie alternée parfois de périodes de violence ou de fuite.
11. Tiré de « La confiance ça rapporte » in *Psychologie,* n° 152, novembre 1982, D. Moine, doctorat de psychologie de l'université de l'Oregon.

L'ancrage
12. P. Watzlawick, J. Weakland, R. fisch, *Changements : paradoxes et psychothérapie,* Paris, Le Seuil, 1975, p. 16-17.

Le langage
13. E. Sapir, *Selected Writings,* Berkeley, University of California Press, 1963.
14. Sur la relation entre la grammaire générative transformationnelle et le méta-modèle, voir N. Chomsky, *Structure syntaxique,* Paris, Le Seuil, 1969; les parties du livre en rapport avec le méta-modèle sont la préface, les chapitres 2, 3, 5, 6 et 8, ainsi que la conclusion. Voir aussi J. Grinder et S. Elgin, *A Guide to Transformational Grammar,* New York, Holt Rinehart & Winston, 1973. Sur le langage en général, voir J. Lyons, *Linguistique générale : introduction de la linguistique théorique,* Larousse, 1970.

ANATOMIE DU CHANGEMENT
Principes pour l'intervention en thérapie
1. Nosographie : en psychiatrie ou en psychothérapie, classification descriptive des troubles psychiques.

Ancrage et ressources
2. Sur les principes d'inhibition réciproque, voir J. Wolpe, *Pratique de la thérapie comportementale,* Paris, Masson, 1975, et A. Bandura, Principles of Behavior Modifications, New York, Holt Rinehart & Winston, 1969.

3. D. Casriel, *A Scream Away from Happiness,* New York, Grosset & Dunlap, 1972; A. Janov, *Le cri primal,* Paris, Flammarion, 1975.
4. R. et M. Goulding, *Changing Lives through Redecision Therapy,* New York, Brunner Mazel, 1979.
5. J. Grinder et R. Bandler, *Frogs into Princes,* Moab (Utah), Real People Press, 1979. Traduit en français sous le titre *Les secrets de la communication,* Montréal, Le Jour Ed., 1982.
6. C. Castaneda, *Histoires de pouvoir,* Paris, Gallimard, 1976.

Le recadrage

7. P. Watzlawick, J. Weakland, R. Fisch, *Changements : paradoxes et psychothérapie,* Paris, Le Seuil, 1975, p. 116.
8. J. Seguela, *Hollywood lave plus blanc,* Paris, Flammarion, 1982, p. 26.
9. Longtemps compagnon de route de Freud, resté dans l'ombre de celui-ci, Federn s'est intéressé aux phénomènes vécus au niveau du moi (par opposition à ceux qui sont de l'ordre du surmoi ou du ça, tels que décrits dans la topique freudienne) et il a divisé le moi en états. Voir son ouvrage *Ego Psychology and the Psychose,* New York, Basic Books, 1952.
10. Dans ce cadre de pensée, l'état du moi Parent, c'est celui dans lequel une personne se trouve lorsqu'elle se conduit comme pouvaient le faire ses parents ou les grandes personnes qui ont marqué son enfance. L'état Adulte est défini comme le siège de la pensée logique et rationnelle. C'est avec lui qu'une personne peut examiner objectivement son environnement (réalité externe) et ce qui se passe en elle (réalité interne). C'est en elle l'ordinateur qui respire. L'état Enfant, c'est le petit garçon ou la petite fille qu'elle était autrefois et qui vit encore en elle. Une personne expérimente cet état chaque fois qu'elle se comporte comme lorsqu'elle était enfant. Voir à ce sujet *Analyse Transactionnelle et Psychothérapie,* Paris, Payot, 1975.
11. Le thérapeute questionne la partie concernée qui s'exprime par la bouche du sujet, et lui demande quand elle est apparue dans la vie de la personne, dans quelles circonstances, ce qu'est sa fonction ainsi que son nom et son sexe. (Ces questions n'ont pas pour but d'anthropomorphiser la partie concernée, mais simplement de pouvoir la retrouver lors d'un entretien suivant — ce que nous comprenons comme un ancrage). De la même façon, le thérapeute « appelle » d'autres parties intrapsychiques impliquées dans le problème ou en conflit les unes avec les autres. Commence alors un travail avec chacune d'elles ainsi qu'un travail comparable à l'intervention effectuée en thérapie familiale, dans lequel les parties apprennent à négocier entre elles. Pour y parvenir, les Watkins utilisent toute une palette de procédures allant des techniques de thérapie familiale à la méthode Gordon de formation de parents efficaces, lorsqu'il s'agit d'enseigner à une partie comment mieux prendre soin d'une autre plus « petite ». Voir J. et H. Watkins, « Theory and practice of ego state therapy » in *Short Term Approaches to Psychotherapy,* New York, Human Sciences Press Ed., 1979.
12. F. Perls parle par exemple de la polarité du grand chef et du sous-fifre. Voir à ce sujet *Rêves et existence en Gestalt-thérapie,* Paris, Editions de l'Epi, 1972.

13. Voir V. Satir, *Your Many Faces,* Milbrae (Californie), Celestial Arts, 1978.
14. Voir R. Assagioli, *Psychosynthèse,* Paris, Editions de l'Epi, 1976, et J. Vargiu, « Subpersonalities, Synthesis », in *The Psychosynthesis Press,* vol. 1, n° 1, San Francisco, 1974.
15. Le Cathexis Institute, qui traite des schizophrènes et des caractériels, installé à Oakland, en Californie.
16. Extrait de John Fowles, *The Magus,* New York, Dell Publishing Co. Inc. Traduit en français sous le titre *Le Mage,* Paris, Albin Michel, 1977.

Bibliographie

PNL

R. Bandler, *Le Recadrage*, Paris, InterEditions, 1999.

R. Bandler, *Un cerveau pour changer*, Paris, InterEditions, 2000 (nouvelle présentation).

J. Grinder et R. Bandler, *The Structure of Magic*, Palo Alto (Californie), Science and Behavior Books, vol. 1, 1975 et vol. 2, 1976.

J. Grinder et R. Bandler, *France-Formations*, InterEditions, 1998.

J. Grinder et R. Bandler, *Les secrets de la communication*, Montréal, Le Jour Ed., 1982.

J. Grinder et R. Bandler, *Patterns of the Hypnotic Techniques of Milton Erickson*, Cupertino (Californier), Meta Publications, vol. 1, 1975, vol. 2 (avec J. Delozier), 1977.

J. Grinder et R. Bandler, V. Satir, *Changing with Families*, Palo Alto, Science and Behavior Books, 1976.

J. Grinder et M. Mac Master, *Precision*, Beverly Hills (Californie), Precision Models, 1980.

R. Dilts, J. Grinder, R. Bandler, L.-C. Bandler, J. Delozier, *Neuro-Linguistic Programming*, vol. 1 : *The Study of the Structure of Subjective Experience*, Cupertino, Meta Publications, 1980.

R. Dilts, *Applications of Neuro-Linguistic Programming*, Cupertino, Meta-Publications, 1983.

R. Dilts, *Roots of Neuro-Linguistic Programming*, Cupertino, Meta-Publications, 1983.

L.-C. Bander, *They Lived Happily Ever After*, Cupertino, Meta-Publications, 1978.

D. Gordon, *Therapeutic Metaphors*, Cupertino, Meta-Publications, 1978, traduction à paraître chez InterEditions en octobre 2000.

D. Gordon et M. Meyers Andersen, *Phoenix*, Cupertino, Meta-Publications, 1981.

S. Jacobson, *Meta-Cation. Prescription for some Ailing Educational Process*, Cupertino, Meta-Publications, 1983.

S.-R. Lankton, *Practical Magic*, Cupertino, Meta-Publications, 1980.

A. Cayrol, « La programmation neuro-linguistique », in *Psychologie*, n° 144, février 1982.

Approches psychothérapeutiques

Approches systémiques et familiales

P. Watzlawick, J. Beavin, D. Jackson, *Une logique de la communication*, Paris, Le Seuil, 1972.

P. Watzlawick, J. Weakland, R. Fisch, *Changements : paradoxes et psychothérapie*, Paris, Le Seuil, 1975.

P. Watzlawick, *La réalité de la réalité*, Paris, Le Seuil, 1976.

P. Watzlawick, *Le langage du changement*, Paris, Le Seuil, 1980.

R. Fisch, J. Weakland, Segal, *The Tactics of Change*, New York, Brunner Mazel, 1983.

V. Satir, *Conjoint Family Therapy*, New York, Science and Behavior Bookds, 1967.

Analyse transactionnelle

E. Berne, *Que ditez-vous après avoir dit bonjour ?*, Paris, Tchou, 1977.

R. et M. Goulding, *Changing Lives through Redecision Therapy*, New York, Brunner Mazel, 1979.

C. Steinder, *L'ABC des émotions*, Paris, InterEditions, 1998.

J. Schiff, *Cathexis Reader,* New York, Harper & Row, 1975.

Gestalt

R. Hefferline, P. Goodman, F. Perls, *Gestalt-Therapy,* Ottawa, Stanké, 1977.
E. Marcus, *Beyond the Hot Seat,* Cupertino, Meta Publications, 1983.

Thérapies corporelles

J. Cassius, *Horizons in Bio-Energetics,* Memphis, Promethean Publications, 1980.
M. Feldenkrais, *The Elusive Obvious,* Cupertino, Meta Publications, 1983.

Psychologie, neuro-biologie

G. Kelly, *The Psychology of Personal Constructs,* New York, W.W. Norton, 1955.
A. Glass, K. Holyoak, J. Santo, *Cognition,* Reading, (Massachusetts), Addison-Wesley, 1979.
J.-P. Changeux, *L'homme neuronal,* Paris, Fayard, 1983.

Langage

N. Chomsky, *Le langage et la pensée,* Paris, Payot, 1970.
N. Chomsky, *Structures syntaxiques,* Paris, Le Seuil, 1969.
E. Sapir, *Linguistique,* Paris, Le Seuil, 1968.

Science des systèmes, épistémologie

W.-R. Ashby, *Introduction à la cybernétique,* Paris, Dunod, 1965.
G. Bateson, *Vers une écologie de l'esprit,* Paris, Le Seuil, vol. 1 et 2, 1977.
A. Korzybski, *Selections from Science and Sanity,* New York, International Non-Aristotelian Library, 1948.

045139 - (II) - (3) - OSB 100° - SNE - SGS

Achevé d'imprimer sur les presses de la
SNEL S.A.
Rue Saint-Vincent 12 – B-4020 Liège
tél. 32(0)4 344 65 60 - fax 32(0)4 341 48 41
juin 2001 – 21476

Dépôt légal de la 1re édition : 1984
Dépôt légal : juin 2001